中国魔女严荷芝

贝鲁平　著

文汇出版社

图书在版编目（CIP）数据

中国魔女严荷芝 / 贝鲁平著. —上海：文汇出版社，
2012.7

ISBN 978－7－5496－0539－2

Ⅰ.① 中…　Ⅱ.① 贝…　Ⅲ.① 严荷芝—生平事迹
Ⅳ.① K825.7

中国版本图书馆CIP数据核字（2012）第103136号

中国魔女严荷芝

责任编辑 / 戴　铮
封面装帧 / 周夏萍

出版发行 / 文匯出版社
　　　　　　上海市威海路 755 号（邮政编码 200041）
经　　销 / 全国新华书店
照　　排 / 南京展望文化发展有限公司
印刷装订 / 上海译文印刷厂
版　　次 / 2012 年 7 月第 1 版
印　　次 / 2012 年 7 月第 1 次印刷
开　　本 / 890 × 1240　1/32
字　　数 / 80千
印　　张 / 6

ISBN 978－7－5496－0539－2
定　　价 / 28.00元

目　录
CONTENTS

CONTENTS

序

　　2010年，从事魔术事业二十多年的严荷芝被中央电视台《乡约》专栏关注，节目组去了她家乡浙江舟山的长白岛进行实地采访报道，一个小时的节目播出后，引起全国魔术界和魔术爱好者的广泛好评，期间全国各地的魔术迷们来信无数，有的年轻人甚至不远千里上门找严荷芝向她请教，有的恳求拜师，希望跟严荷芝学习魔术；不久，"鲁豫有约"节目组进一步做了她的专访，时间长达一个小时。鲁豫的访谈节目播出后，受到了全国乃至世界魔术界的关注，《上海演艺》、《新民晚报》等报刊杂志纷纷报道她成长的事迹。有人称她为东海小魔女，又有人称她为中国的大卫·科波菲尔。其实在上海发展二十年的严荷芝感到上海已经变小了，她的魔术要走向全国，走向世界……然而，严荷芝凭什么走向全国走向世界呢？凭她一股对魔术表演的酷爱和苦苦地追求。二十年来，尽管道路崎岖，含辛茹苦，困难重重，但她看准目标、不断探索、勇往直前，她时刻铭记，她是为魔术而生的，生活中的一切都是为了魔术，魔术是她的生命……她的执著是可嘉的，这就是她成为魔术大师的前提。那么，严荷芝是怎么从一个渔家姑娘成为魔术大师的呢？那就从她的出生开始说起吧……

一、出　生

　　上世纪六十年代末一个春光明媚的上午，中国浙江舟山长白岛的蛟龙村渔民严有勇家里添了一位千金，取名荷芝，那是在海边山坡上的一间小茅屋里，接生是乡里有名的接生婆王奶奶，出生时奶奶望着荷芝说，这孩子长得秀气聪慧，将来一定是有福的……母亲这才有了笑容。当时国家穷，老百姓穷而渔民更穷，尽管严家家徒四壁连一个像样的家具都没有，但一家人尤其是父亲严有勇还是沉浸在幸福之中。

　　俗话说靠山吃山靠海吃海，严家祖祖辈辈都是以捕鱼为生，到了荷芝父亲这一辈也不例外，严家唯一的生活来源就是出海捕鱼。在上世纪六七十年代，父亲严有勇就靠捕鱼养活一家人。应该说，出海捕鱼是非常辛苦的，且有生命危险。谁都明白，遇上恶劣天气，渔船在海浪中颠簸，被海风刮翻沉没

是经常性的，再说，那个时候严家的捕鱼船真是太小了，船上的设备极其简陋，所以一遇风浪常常是凶吉难卜，险象环生，很难逃过劫难。在当时的条件下，渔民的生命其实没有保障。但为了养活一家人，严有勇只能坚持出海，把生命置之度外。

毫无疑问，父亲每次出海，荷芝的母亲总为他担心，谁都清楚这意味着什么。

天有不测风云，海面上的情况很难预料。无风三尺浪，台风说来就来，防不胜防。所以，父亲每次出海捕鱼时，母亲就会紧锁双眉，心中一直为父亲担忧，她的情绪也时好时坏，有时母亲的忧郁情绪会影响到全家人。久而久之就形成了一种习惯，即每次父亲出海，全家人从早到晚就是翘首以盼，期待着他能平安

▲ 时隔多年，荷芝回到小时候住过的老屋，感慨万千。

返航。如果海上有风浪，父亲的渔船没能及时回家，母亲就一定会焦虑不安，她的情绪会变得很糟，郁郁寡欢，半天不说一句话，有时竟然暗自流泪，小小的茅草房里充满了阴云。那时候荷芝才几岁，不知道家里出了什么事。然而荷芝非常乖巧懂事，见母亲心情郁闷，她就察言观色，幼小的心灵会为母亲分忧。她的眼神，她的笑容，她简单的一句话，都会感染母亲，母亲就会受她的感染而平静下来。

有一次，父亲又出海了。去了十来天还没返航，而这些日子天气变幻莫测，海上阴云密布，时不时地雷声隆隆，有关部门已经发出台风警报，但荷芝父亲的渔船还未平安返航，母亲早就寝食不安了，神情越来越紧张，时刻为他们（当时荷芝的大哥也跟着父亲出海捕鱼）担心，在观音菩萨前默默祈祷祝愿，希望菩萨保佑丈夫、儿子能平安回家。荷芝尽管年幼，但她明白，父亲和哥哥有危险了，母亲为他们的安危急得提心吊胆、泪流满面，此时此刻，荷芝就不离母亲半步，轻轻地拿起小手绢为母亲抹泪。

然而，让人揪心的事终于发生了。这时，天色越来越暗，海面上浊浪滚滚，雷电交加，不一会狂风暴雨大作，严家的茅屋屋顶顷刻间被掀掉了一大块，屋子里顿时漏起雨来，雨水直泻而下，风雨越来越凶猛，小屋内顿时有七八处漏水，此刻石垒的小茅屋摇摇欲坠了！一家人慌作一团，母亲急忙找来稻草麻绳，冒雨爬上屋顶，小荷芝被吓坏了，但她强忍着没有哭出声来，和小哥一起帮着母亲把屋顶漏雨的地方补上了。

　　真是惊险的一幕。不久,雨渐渐小了,风还在刮,狂风呼啸,
小茅屋像海上的一条小船,颠簸着随时会倾覆……小荷芝终于
忍不住哭了起来。海面上,父亲的船还没影子。一家人泪眼汪
汪地望着波涛汹涌的海面,母亲揪心死了,却毫无办法,只能望
着大海干着急……父亲的捕鱼船会有危险吗? 会被礁石撞得粉
碎吗? 此时此刻,荷芝却不哭了,她幼小的心灵在默默祈祷,她
在祈祷父亲的船能顺利返航,父亲和哥哥能平安回家。她湿润
的双眸眺望着大海,这时,她仿佛看见汹涌的海面上有一条渔船
向他们驶来,在她含着泪水的眼睛里,父亲的船越来越近、越来
越清晰了……此刻,她久久地凝视海面,终于,她情不自禁地呼
唤起来,在她目光中这正是父亲的小渔船啊! 她终于看见父亲的
船返航啦! 那是多么神奇啊! 好像父亲的船有神助,太不可思议
了! 她欢欣雀舞地安慰母亲道:"妈,别担心啦,这是我们家的

船！"母亲朝她手指的方向眺望着，却没有看见海面上有什么船……母亲感到非常惊异，海面上灰蒙蒙一片，哪有什么渔船返航啊！难道这是荷芝为了安慰自己而骗她吗？这样的话荷芝真的人小心大，在她的心目中，这孩子真是太懂事了！但此时此刻她激动得泪流满面了！她知道，女儿确确实实是在安慰她啊！随即她抱起荷芝不停地亲她……不一会，被海浪打下去的渔船又浮到了海面上，此刻小哥也看见了，他看见海浪中有一条渔船正在与海浪搏斗呢！当母亲看清海面上真有一条渔船出没在海浪中，颠簸着向海边驶来时，一颗悬着的心才平静下来。父亲的船确实返航了！小荷芝没有骗自己，是自己眼花了看不清海面上的船……真是有惊无险，母亲这才舒一口气。慢慢地，父亲的船终于靠岸了！一家人像过节一样为父亲庆幸。

这是三十多年前的事了。然而，这样的日子在荷芝的小时候是经常发生的，她老家在海边的茅草屋至今还留有遗迹。往事不堪回首。当时，荷芝幼小的心灵自然而然地会为大人分忧，为父亲的安全默默祈祷。尽管这么多年过去了，但回忆往事，还记忆犹新、历历在目。这真的让人感叹不已。在她的幼小心灵中，她就曾告诫自己，长大了一定要让父亲不再出海捕鱼，她要让他们过上好日子……这是她的心愿啊！那时候她还不到十岁呢，懵懵懂懂的她就有了这个愿望，确实难以让人置信，但事实就是如此。她的愿望能实现吗？在她的潜意识中，她自言自语地说，一切的心愿都会实现的，因为她是一个非常自信的姑娘啊！

二、从看样板戏到跳芭蕾舞

　　上世纪的七十年初，那个时候时兴样板戏，从《智取威虎山》到《沙家浜》，父亲出海回来，总是背着她去镇上看由样板戏改编成的电影和各种文艺演出，而她最喜欢看的就是舞剧《红色娘子军》和《白毛女》。才六七岁的小荷芝百看不厌，舞剧《白毛女》中的音乐和白毛女的舞姿深深打动了荷芝幼小的心灵，让她震撼让她迷醉，在她眼里，这是世界上最美好的音乐、最美好的舞蹈，她情不自禁地模仿并学会了剧中的《北风吹》等曲子，她声情并茂的演唱，常让大哥二哥一愣一愣的，他们没想到自己的妹妹竟然如此心灵手巧，有那么高的文艺天赋。在他们的眼中，荷芝几乎不是一个渔家姑娘，而是一个书香门第出生的灵巧闺女。所以，荷芝在很小的时候，她的大哥二哥就非常喜欢她，把她当作家里的宝贝。那时候，荷芝迷上了看样板戏。荷芝还在沙滩上偷偷学起了脚尖舞，认认真真、一板一眼地模仿着白毛女的舞姿，甚至连走路都学着踮脚的姿势，她的这种模仿完全是自发的，没有老师教，全凭她自己的感受。她的潜意识里，就是要学习美的东西，那时的文艺样式就八个样板戏，而芭蕾舞在她心目中是世界上最美的艺术：音乐好听，舞蹈优美，所以她为之废寝忘食。才一个八岁的女孩儿，就酷爱上了芭蕾艺术！这让荷芝的父母感到奇怪，女儿一直在跳啊跳的，竟然跳起了白毛女！这电影里的舞蹈也能学得会？他们将信将疑。可荷芝还是渐渐地学会了，白毛女的每个动作，她都能模仿得惟妙惟肖。尽管她的脚趾都跳肿了，走路都困难，但这没让她退缩，还是坚持着练习，坚持着模仿。母亲发现后，为荷芝失声而泣了，母亲劝她别再跳什么白毛女啦，脚要扭伤的啊！

荷芝还是悄悄地出去练习，尽量不被家里人看见，一练就是几个小时，终于跳得非常像芭蕾舞电影《白毛女》中的白毛女了……那时她还不到十岁啊！如今回眸这一段经历，真是太有意思了。其实，更让人动情的是，她是那么有毅力，那么的执著，尽管那时她才八岁，而她幼小的心灵中就开始憧憬，憧憬她心目中的美好事物，而芭蕾舞就是她心目中的美好事物，她无师自通，学跳时竟然能跟上音乐的节奏感，一板一眼，动作干净利落，一切把握得非常好。这让人看了惊叹，一个小孩

子家，怎么会无师自通的？她又是怎么学会的？！其实很简单，银幕上的演员就是她最好的老师啊！

确实，三岁看到老。荷芝勤奋好学的性格在这么小的时候就充分体现出来了。这一年，荷芝正好八岁，她的上一代是渔民，上一代的上一代也是渔民，家里没有一点艺术气氛，然而，就是在这样的家庭背景中，她模仿着电影里的白毛女，跳起了芭蕾。当时她根本不懂什么叫芭蕾，也不了解白毛女为什么这样跳，只是懵懵懂懂觉得她跳得非常美，非常好看！就这样，她把白毛女舞蹈动作全记住了，她就是喜欢模仿她的动作，尽管她当时还不懂什么叫模仿。

不久，她在沙滩上认真练习舞蹈的场景，让全村人看到了。他们震撼了，纷纷赞赏荷芝的优美舞蹈，同时惊叹她是如此活泼可爱，不像一个渔家姑娘，怎么没人教就学会了跳芭蕾舞呢？尽管他们并不了解这孩子是怎么学会跳芭蕾的，可他们都看过舞剧《白毛女》，他们觉得荷芝姑娘学跳白毛女跳得真是太像了！这孩子多聪明啊，她是有文艺天才的啊！乡亲们都这样认为。不久，荷芝会跳芭蕾白毛女这特长被老师发现了，班主任当即请她去办公室表演，当老师们看到她优美动人的舞姿后，都感叹不已，当即要求她参加几天后的演出活动。当然，他们也不明白荷芝是怎么学会的。在老师的心目中，严荷芝这个小姑娘太神奇太不可思议了。她竟然无师自通地学会了跳芭蕾，而且是人人都喜欢的白毛女！他们断言，她的芭蕾舞表演会震撼所有观众的。

当荷芝欢天喜地地跑回家把这个喜讯告诉母亲时，母亲既高兴又犯愁，高兴的是小小年纪的荷芝竟然能上台表演，这太出乎她意料了！而愁的是跳舞需要一双白跑鞋，可小荷芝没有一双像样的鞋子！这让做母亲的非常惭愧，当时母亲身上没钱，父亲又出海捕鱼，向别人借又不好意思，怎么办呢？跳芭蕾舞最要紧的就是一双舞鞋，没有专业的舞鞋，白跑鞋也就对付过去了。但是，那时候小荷芝家里穷得连一双白跑鞋都买不起，这事今天说起来恐怕令人难以置信，但当时她家里的经济情况就是如此。母亲没有一点办法，最后，她整整花了一夜，为小荷芝赶制了一双小布鞋让她登台演出。

小荷芝几乎一夜没有睡好。她又激动又兴奋，毫无疑问，她是懵懵懂懂的，却伴随着激动，上台跳给许许多多人看，这将是一种什么样的感觉啊？她一点体会都没有，但她觉得这很有意思，毕竟她能够上台表演了，她要跳白毛女给大家看，这多好啊！她花了这么多时间练习竟然没有白费劲，她觉得太值了，但她还是有点紧张的，因为这是她第一次登台演出，也是在全乡万人大会上演出啊……

第二天一大早，小荷芝穿上母亲连夜赶制出来的新布鞋去了学校，随后由老师陪着去了会场。会场里人山人海，演出开始了……终于请小荷芝出场了，她面对广场上密密麻麻的观众，竟然一点都没有怯场，她全神贯注，按着《白毛女》中的节奏和音

乐,激情洋溢地跳完了老师要求她表演的一段独舞……全场掌声雷动,他们被小荷芝优美的舞姿折服了。

一个渔家姑娘,才八岁就自己学会了跳白毛女,这让观众震撼了,他们觉得好奇、百思不得其解,在他们的眼中,这怎么可能呢?一个渔家小女孩跳起了白毛女,且跳得那么神似完美、可爱迷人,这又是谁教会她的呢?岛上没有人会跳白毛女啊!难道她天生就会的?他们想不明白,这谜多年以后也没有解开。从此小荷芝在岛上出了名,大家知道长白乡有个小"白毛女"。此后,小荷芝被舟山各岛邀请,由父亲带着她去各岛演出,跳芭蕾舞《白毛女》。每次演出前她都认真准备,那时候她幼小的心灵中就默默地装着观众,她要给观众留下美好的印象,她是个能够上台表演的孩子,而走上舞台的那一刻,她的全身血液都沸腾起来了,每个动作都做到恰到好处,让人无法挑剔……是啊,她对艺术是有天赋的,要不她怎么会跳得这么像呢?!今天看来,她确实从小就有艺术感觉,就憧憬长大了能干这一行,而当她稍稍长大一些,她把艺术当作自己的生命了!尽管当时她才八岁,不懂得此话的深刻涵义,但她一丝不苟的舞蹈表演,确实凝聚了她对表演艺术的懵懂理解,所以每次上台演出她总能让观众折服……由此她每次上台表演都非常受欢迎。毫无疑问,在演出的过程中,她的舞艺大有长进,越跳越娴熟,越跳越完美,在她八岁的时候,竟然成了岛上人见人爱的小明星,让其他小朋友羡慕不已。

三、中学时代

　　荷芝进中学念书时，要翻越两座山头才能到达学校，来去得花三个多小时，道路崎岖难走，一路上非常艰辛。每天天还没亮就起床梳洗，天蒙蒙亮就从家里出发，晚上从学校回家天已经快黑了，那时大哥二哥都跟父亲出海捕鱼，家里就剩荷芝跟母亲，母女俩相依为命。荷芝读书是非常用功的，对语文、历史、地理特别感兴趣，每天在煤油灯下做功课做到很晚才去睡，老师要求背的古诗文，背的英语单词，直到烂熟于心才躺下。不过，这样的情况只有父亲不在家的时候才行，如果父亲没出海，在家里待着，他就比较严厉挑剔。严家三兄妹都得听他的话，而荷芝也就不敢睡得这么晚，父亲会说，"早点睡，家里没有这么多煤油让你点！"

　　确实，当时荷芝家是父亲说了算。学习重要还是煤油重要？不言而喻，对小荷芝来说，自然是学习重要。可是，荷芝小小的年纪非常体谅父亲的感受。在她眼中，父亲永远是对的，因为父亲出海捕鱼不容易，在海上劳作太辛苦了，且有生命危险，所以她就不希望父亲老是出海捕鱼。所以她理解父亲，因为家里这么困难，一切都得节省，这在小荷芝看来是毫无疑义的。应该说，荷芝的父亲是个非常节约的人，捕鱼挣钱太艰辛了，每个

铜板都得算计着用，要不日子怎么过？确实，五口之家，要用钱的地方太多了。事实也确是这样，渔民家的日子不好过。这荷芝都明白，她也从来不跟父亲争，毕竟她还太小，有时受了委屈也不敢吭声。但荷芝小时候有一件事让她难以接受，当时的广播节目已经非常丰富发达（当时电视还没普及），荷芝比较喜欢听广播剧，她是个广播剧迷，常常被广播剧里的故事、人物、情节所感染。有时听得晚了，常被父亲打扰咒骂而终止，当时荷芝百思不得其解，父亲为何不让她听广播剧呢？而且父亲怎么会不喜欢听广播剧呢？这么好听的东西父亲怎么无动于衷？

荷芝的父亲空下来就眺望着大海出神，这是为什么呢？有一次黄昏时分，她把自己听广播剧的感受说给父亲听，希望父亲也能喜欢听广播剧，但父亲并不理解她说的意思，只是微微一笑，还是心事重重地凝望着大海……

现在荷芝回想起来才有些明白，当时父亲的生活担子是很重的，他长久地凝望大海，许多时间沉默寡言，就是在考虑什么

时候再出海捕鱼，他要养活全家人，哪有心思听广播剧呢？当她开着收音机听广播剧时，不仅浪费电，且会影响他休息的啊……潜意识里，当时荷芝懵懵懂懂地就是这么想的，所以她能够理解父亲、体谅父亲，只要父亲在家里，就一切按父亲的意志行事，不违背父亲的心愿。

中学时代的严荷芝，在家里一直都很乖巧，父母都非常心疼她。但有一桩事情让她刻骨铭心难以忘怀，那就是她在上学途中丢失了一斤粮票。要知道，当时一斤粮票的价值可以换一块钱。一块钱的价值就是普通人家三五天的小菜钱。当时荷芝发现自己丢了粮票，心中就有些害怕，想隐瞒却还是让父亲知道了。父亲当即骂道："你这孩子，太不小心啦！你的两个哥哥饭已经吃不饱了，你还丢粮票，小姑娘家的怎么这样粗心啊……"

责骂声至今仍在耳边回荡，父亲骂得难听，骂得粗野，但父亲骂得对，那个时候父亲已经很少出海了，除非万不得已，家里揭不开锅了才出海，家里实在太穷了啊！谁让她不小心丢了粮票呢？！那晚她没吃一点东西，她感到有点委屈，却也不敢顶嘴,她寻思着怎么把粮票找回来。见父母对她不注意,就乘机溜了出去,尽管白天她已经找过无数遍,但晚上她还想出去试试,说不定能找到这丢失的粮票。此时此刻,她已经不怕黑夜和孤独了,一心就惦记着那一斤丢失的粮票,再说她走夜路没问题,所以就冲了出去。当她怀着内疚、睁大双眸,在月光下慢慢搜寻着去学校的山路找粮票时,母亲追了上来,嘴里喊:"荷芝,这么晚了,去哪儿啊?!"

荷芝停住脚步说:"我去把丢失的粮票找回来。"

"别去找了,丢就丢了,以后小心点就是!"母亲说。

"不,我一定要把它找回来!"她向前走去,竭力忍住眼泪并回忆着白天是在哪儿丢失的。

母亲上前一步拉住她的手说:"回家吧,荷芝,天黑了,哪儿都别去了!"

"我要把它找回来的,要不我睡不好觉的!"荷芝说。

"傻孩子,天这么黑了,你到哪儿去找?要找也明天去啊!"

"明天能找到吗?!"荷芝眼眶湿润了。

"咱们先不管它。跟我回家吧!"母亲坚决地说。

荷芝见母亲关爱地看着自己,不由哽咽啜泣起来:"粮票丢了,我对不起家里的。"

"别担心,我会想办法的。"母亲说着挽起荷芝的手臂,一步步走回家。

躺下后,荷芝失眠了。这一晚她睡不着,在被窝里偷偷地哭

泣了一整夜，她思绪万千、想得很多。她知道，要改变家里的贫困命运只能靠她自己，她不仅要读好书，更应该为家里分忧，长大后一定要出去闯一番事业。在被窝里她暗暗下决心，一定不能再让父母伤心，将来一定要有出息……

四、考入乡办越剧团

中学时代，荷芝是学校里的文艺骨干，成为同学们心目中的偶像。许多同学喜欢跟荷芝交往，在同学们的心目中，荷芝不仅学习成绩好，还能唱会跳，且性格阳光活泼，能帮助别人。尽管当时她对艺术还懵懂无知，且家庭背景仅是渔民出身，家里从来没给过她一点艺术教养，但她有表演天赋，这在她的小学时代就显山露水了，尤其她跳的芭蕾舞白毛女更为人称道。如今进中学了，她的表演才华早就在学校里显露出来，为同学老师所敬重。凡是节庆日需要庆祝演出，总希望荷芝能上台表演一段，荷芝也从不推辞，总能圆满完成各类演出。

是的，荷芝跟班里其他同学确实不太一样，当时她仅十三四岁，就有理想有憧憬，对自己今后的发展方向日趋明确。那是上世纪八十年代初期，许多封尘已久的文艺节目已经在电视（黑白电视刚出现）里播出了，譬如越剧《红楼梦》，当时在乡里（那时候只有乡政府有一台电视机）放映时，荷芝获此消息，就想方设法地挤进去看，看后就被里边的人物吸引了，被优美而感人的唱段所打动了，被王文娟和徐玉兰的表演所折服了。那时候，越剧《红楼梦》好像放了好多遍，她几乎每次都去看，每次都有心得体会……总之，当时荷芝完全被越剧的唯美表演迷住了，她想，如果自己也能登台唱戏该多好啊……由此，当时许多出色的艺术家都成了她的偶像。而她最大的愿望，就是当一名能在台上表演的演员了。其实，在一个海岛上，在一所比较闭塞的中学里，这个想法是很大胆的，当一名越剧演员，对一个普通的中学生来说，这有可能吗？在一个偏僻的渔乡海岛会有机会实现梦想吗？然而，机会总是愿意眷顾那些敢于梦想的人，只要你有梦想，就有可能实现。结果也确是如此，后来事实证明，一个人只要敢于想，机会总会来找她的。

但是让荷芝意料不到的是，当时她家乡的渔民们，观念都很传统陈旧，对上台唱戏的人还是持有偏见的，他们认为唱戏的人都是戏子，也就是吃开口饭的，这让他们看不起。怎么会是这样呢？荷芝陷入了沉思，如果父母反对怎么办？最后，荷芝还是

想开了，不管这么多了，要不她将一事无成。时代不同了，只要自己喜欢，干哪一行都一样。是的，在她的心目中，一个人的一生能干自己喜欢干的事情该多好啊！可这是要靠自己去努力争取的，而且干了这一行就必须干好干出色。这就是成功，这就是事业！由此她仍然我行我素，想方设法向艺术靠拢，自觉地接近艺术，只要有学习机会，哪怕是看一场戏或看一场电影，路再远也会赶去看，就是不愿错过艺术欣赏的机会。譬如，她看了越剧《红楼梦》，就开始模仿起里边的唱段来，尤其是徐玉兰唱的几个经典唱段，她模仿得惟妙惟肖。

这段日子，她过得很舒心很充实，毕竟许多经典影视剧、戏剧解禁了，可以在电视里播放了，尽管家里还没有电视机，不过她可以去乡里看，看多了她的眼界也开阔了，开始有了自己的追求，有了自己的目标，但在这样一个小小的长白岛能有机会吗？尽管她有点疑虑，但她充满信心。应该说，机会是给有准备的人创造的啊！是的，"我准备好了吗？"荷芝常常问自己。

多年的积累和天生的表演天赋，终于让荷芝有机会参加一次乡越剧团的招生，虽然说是乡一级的越剧团，要求却也非常高，竞争更是十分激烈。不过，让荷芝万万没有料到的是，自己立志学戏要当个越剧演员的想法竟然遭到了父母的强烈反对。他们的旧思想、传统观念太根深蒂固了，荷芝无法说服他们。然而荷芝已经下决心要去报考，当时她才十六七岁，就意识到这是一次难得的机会，如果失去这次机会，以后不知道什么时候才能遇上，可能一辈子也遇不上了！所以她一定得去碰碰运气，一定不能错过这次机会，也许真能被录取成为一个越剧演员，而改变自己的命运。

然而，让小荷芝揪心的事还是发生了，当时父母知道她要去报考越剧演员，就是不同意，还牢牢地看住她，不容许她离开家门半步。荷芝犯愁了。她知道，不是人人都可以当演员的，只有平时做好充分准备的人才会获得成功，而她是做好充分准备的，她不仅自学了几段越剧唱词，模仿了《红楼梦》里林黛玉和贾宝玉的几段唱腔，还模仿了他们的动作台步……所以她必须去试一试，必须做通父母的工作，如果一时做不通也没有关系，先去应聘了再说。可是怎么离开家呢？她被他们看得死死的，一点都不放松对她的注意。怎么办呢？荷芝犯愁了。终于有机会跟两位哥哥说话了。于是她就悄悄跟两位哥哥商量，幸运的是，大哥小哥都非常支持她的决定。当天深夜，他们兄弟俩趁父母熟睡，就偷偷地用一艘小渔船送荷芝去了招考点。

通过层层选拔，她终于被小沙乡越剧团录取了。应该说，荷芝很幸运。尽管荷芝预料自己能被招进去当学员，但她还是很激动，很庆幸自己能入这一行，毕竟她可以干自己喜欢干的事业了。她坚信，凡事皆有可能，只怕自己不努力。是的，那年她才十七岁，就成为小沙越剧团的一名学员了，这确实是她自己努力的结果。如果父母阻止就算了，自己不争取去试一试，那么她的人生轨迹就可能大相径庭了。此后的一段时间，她开始学习如何当好一名"小生"的艰辛历程。

其实，当学员的日子酸甜苦辣，五味俱全。可对荷芝来说，一切都是新鲜的。学戏是很有意思的，她感到非常有趣。其中唱念做打都有讲究，一切都得从头学起，扎扎实实练好基本功，否则怎么上台演角色啊？如果不刻苦上进，也只能做跑龙套的份了，做跑龙套还有什么前途？所以她心中很清楚，学习成绩必须名列前茅，唱念做打必须一流，否则就会被淘汰。作为一名学员，她确实做到了勤奋好学，刻苦努力，几乎天天去小树林吊嗓子、练身段、摆造型……应该说，学习过程有苦有甜，当她尝到了

甜头，就更加刻苦了。

在学戏过程中，荷芝的理解接受能力特别强，又由于她善于钻研模仿，相对其他学员更用功，除了老师教的，在剧团正式演出时，她还在后台偷偷地看偷偷地学，看多了听多了模仿多了，她甚至能记住任何一个角色的每一句台词、每一段唱腔、每一个表演动作，这让她与一个出色越剧演员的距离接近了……不过，尽管她全身心地投入，但还没有机会上台演角色。这段时间，她在等待机会。她知道，上台要靠机会，尤其是演主角等重要角色。

是的，机会是给有准备的人的，她一直记住这句至理名言。确实，她平时的努力和积累没有白费。不久那个演小生的演员生病不能登台了，整个剧团没人能顶她的角色，可演出必须照常进行,因为越剧团已经跟剧场签好了演出合同。许多新招来的学员还不够成熟,团长如热锅上的蚂蚁急得团团转,正在万般无奈的时刻,团长突然发现了小荷芝!在团长的眼里,学小生的,只有严荷芝能顶上去演,可是现在是紧急时刻,得马上顶上去,她能行吗?

团长非常慎重地跟荷芝谈了一次,希望荷芝能够顶上去试演一下,如果不行的话,她可以再想办法(当时演的是《梁山伯与祝英台》)。毫无疑问,荷芝很激动,她对自己说,一定得顶上去,台词再多也一定得在极短时间内背下来,必须滚瓜烂熟,倒背如流,且能掌握这个角色的性格特征,这样才能演好一个角色啊!是的,对荷芝来说,这真是一次难得的机会,她不应该错过。

不久,考验的时刻到了。对荷芝来说,成功与失败在此一举。尽管第一次演梁山伯她有点紧张,缺少那么一点感觉,但毕竟这么多观众看着她,她可不能有一点出错和紧张，这跟小时候一个人跳白毛女可不一样。剧中有唱念做舞（《梁山伯与祝英台》是文戏），且对手戏特别多，不能讲错一句话，要不对方听不懂你的话，戏就会乱套了！毫无疑问，在台上，台词是说给对方听的，你说错了，对方会答非所问，这可不是闹着玩的，所以这一招一式都是非常讲究的。

让人难以置信的是，第一次上场演梁山伯她竟然没有怯场，而且是那么从容镇定，演谁像谁，且把梁山伯演得惟妙惟肖。演出结束时，全场响起了经久的掌声……荷芝望着热情洋溢的观众激动不已，演出成功了。她发现观众是在为自己鼓掌，不由一阵激动，双眸湿润了。

初次登台演小生，就给荷芝带来了自信和满足，那种成功的感觉一辈子也忘不了……第二年，当她真正当上"小生"后（演梁山伯、小方庆等，最后被越剧团正式聘为小生演员），她学习更勤奋了，每天清晨天蒙蒙亮就去小树林里吊嗓子，在演每一个新角色前她都反复研究人物的性格特点，她知道，要把角色演得有血有肉，栩栩如生，就必须多花时间、多花工夫，没有别的办法。由于荷芝吃得起苦，且会钻研角色人物，她的艺术表现力突飞猛进。

又一轮演出开始了。让荷芝万万没有想到的是，当时剧团在剧场演出期间，一个演主角的演员一般要演六七个小时，也就是每天早场、午场连夜场要演三场，所以每天都感到非常劳累，到了演出结束，骨头像要散了架似的。那时候荷芝年轻有上进心，身体也顶得住，一时间没考虑到其他许多问题，在她潜意识里，她得为父母分忧，她要养家糊口，家里太穷了，她要让父母晚年过得好一些，父亲不再冒险出海捕鱼，母亲不再为父亲的安全担忧……所以她就应该也必须努力去打拼，尽管父母不理解她做这一行，可这是她的愿望和追求，也是她的人生选择，当好一个演员是她的生命啊……然而，这些美好的想法能够真正实现吗？是的，只要好好唱戏，再苦再累她也要坚持下去，她坚信自己有能力成为一个出色的越剧演员，成为越剧团里的顶梁柱，这就能实现自己的愿望和梦想。她当时就是这么想的。

当然，她的想法比较天真。那时她所在的单位毕竟是个乡级的越剧团，团里太清贫了，每个月的工资只有二十来元，干多干少一个样，也就是说，演主角的跟演龙套的工资相差不多，这就让人难以理解了。可当时就是这样，大锅饭的日子让人很压抑。每次演出期间，一个演员每天得连唱三场，一天六七个小时唱下来，真的很够呛，人都趴下了，哪有这样的演出啊？这让荷芝很无奈。

干一行怨一行吗？不是的。其实她那时太年轻，根本没有意识到嗓子是会唱哑的，人是会累跨的，劳逸是应该结合的（当时也没人告诉她嗓子要休息恢复）。最后，她的嗓子真的嘶哑了，真的不能说话了，这一切来得非常突然非常凶猛，一时间几乎难以恢复，这对一个越剧演员来说，简直是灭顶之灾。怎么办？她感到无助，感到天要塌陷下来了！那些天她茶饭不思，难道自己永远不能再登台唱戏了吗？该改行干别的了？！但自己是喜欢演戏的啊！可是，嗓子唱破了，沙哑了，怎么恢复也有后遗症，那段时间她心中压抑苦闷，感到自己的前途一片渺茫，心中担忧的是，不知道今后的路在何方。以往的一切全都白费了吗？

正彷徨无所适从时，新的机会出现在了她的面前。那就是魔术，当时魔术在她心中真是太奇妙了，太不可思议了，她没有想到世界上竟然还有这么神奇的表演艺术！她能放弃越剧去干这一行吗？她能把握住吗？怎么才能接近魔术呢？新的憧憬新的愿望在她脑海中萌芽了。

五、发现魔术到立志成为魔术师

　　那是在一九八五年的春节期间,荷芝所在的越剧团跟上海魔术师虞雪芬在定海马岙乡同台演出。白天荷芝在台上演越剧,晚上则看上海新奇魔术团的虞雪芬表演魔术,尽管虞雪芬当时演出的魔术并不新鲜,但在荷芝眼中却是那么的神奇,那么的迷人。第一次看到魔术演出的严荷芝,深深被虞雪芬出神入化的表演打动了!在她眼中,这一切真是太奇怪太不可思议了,一只空箱子里一瞬间竟然变幻出一个大活人来!一个空布袋子里瞬间会变出许多小动物和鲜花来……她觉得难以理解,当她跟着观众拍手时,不由得产生了一种新的想法,那就是,她也要学魔术,也要成为一个魔术师。

　　一个渔家姑娘能学魔术吗?才十九岁的她,真的是初生牛犊不怕虎。凭她的智商、她的能力,可以干这一行吗?她能跟虞雪芬学习魔术或者去上海发展吗?她也能成为一个魔术师吗?然而怎么跟人家学?人家上海来的魔术师跟她仅仅是萍水相逢、非亲非故,凭什么教她魔术啊?!一连串的疑问在她心中产生了。她很困惑,也很无奈,这段时间,她觉得自己真的是太天真了太傻了！然而，荷芝就是荷芝，她明白，这是一次难得的机会。她更相信，有志者事竟成。尽管一系列难以解决的问题在她脑海中盘旋翻滚，尽管她一时还不知道自己该怎么办，但在她的潜意识里，她觉得这一行——奇妙的魔术艺术，也许是她一生的追求……她不该瞻前顾后，她要抓住这个难得的机会，她要主动出击。主动、主动再主动，她要让虞雪芬老师明白，只要她能够助一臂之力，自己将是一个未来的魔术师……终于，她鼓起勇气，自告奋勇地向虞老师推荐了自己。

按照传统，魔术是绝对不外传的，更是传男不传女，她一个渔家姑娘，跟虞老师非亲非故，又没有什么背景，人家怎么会收她做徒弟教她呢？可当时她年轻阅历浅，根本还不知道有这一规矩和说法，她只是想反正自己是豁出去了，如果遭到人家拒绝

也没办法,但试一试总是可以的。

这想法近情理。而且"凡事皆有可能",荷芝坚信这句名言。她觉得事在人为,一切都是有可能的,不管怎么说,她已经认识了虞老师,在演出期间,荷芝找机会跟虞老师聊过几次,还主动向她推荐自己,却不深不透,且总是阴差阳错被人打扰。有一次虞雪芬随口对荷芝说,她的母亲家在定海的一个十字路口,那里开着一家电器修理店,她的弟弟是修理师傅,她这一阵就住在母亲家里。(原来虞老师也是定海人,父母当时都还在舟山)荷芝听了,暗暗记在心里,她的心中有一种期待。她知道,作为一个求学者,她必须主动主动再主动,必须虔诚虔诚再虔诚,是自己要跟人家学习魔术啊!此后几天里,她抽空去找这家修理店,由于当时没听清是在那条路上,所以她一路找去。毕竟十字路口有好多,不知在哪个十字路口上,然而,工夫不负有心人,荷芝终于找到了虞老师母亲家的电器修理店。她问修理店里的年轻人,其实他就是虞老师的弟弟,他告诉荷芝说,他姐姐在里面房间,她可以直接进去找她。

对荷芝来说,历史性的时刻终于来临了。是的,荷芝跟虞老师正式见面,虞老师的魔术将影响她的一生。此刻,两人攀谈起来。虞老师非常认可她演的越剧,她觉得荷芝饰演的越剧小生非常好,角色塑造得非常成功,让人看了喜欢,尽管嗓子沙哑了一点,可她觉得演小生无所谓,沙哑也是一种特色。虞老师还认为,尽管荷芝嗓子沙哑,但唱得婉转动听、字正腔圆,颇有韵味,

很有前途，如果放弃当越剧演员，重新
开始学一门新的表演技艺是非常可惜
的。毕竟，越剧也是一门不错的表演
艺术，深受观众喜爱，而且对荷芝来
说，她在剧团里的演员生涯才刚刚开
始，前途无量，怎么可以放弃呢？虞老
师说得句句有理。谈到后来，荷芝差
点放弃跟随虞老师学习魔术的念头。
但是，荷芝这一刻已经铁了心，她义无
反顾。她的诚恳和决心终于打动了虞
老师。由此，她决定离开定海前再约
荷芝深谈一次。

　　在定海的演出结束前夕，虞老师
再次约见了荷芝。当她了解荷芝姑娘
确实真心爱上了魔术，将来也打算做
这一行，且铁了心准备放弃已经唱得不错的越剧，胸怀大志一定
要跟她去上海发展时，她也就深深地被荷芝的诚意和决心打动
了。同时，虞老师在跟荷芝的接触过程中，还进一步了解到荷芝
是一名活泼阳光、积极向上的女孩时，就打算接受荷芝姑娘到她
的魔术团里来。是的，虞老师看好了这位与众不同的渔家姑娘，
将来肯定是有出息有前途的，她希望荷芝能耐心等待她的佳音，
也就是说她得先回上海，等签好下一轮演出的合同后，就给她

去信,邀她随团一同参加演出……由此,虞雪芬离开舟山时,要求荷芝等她的邀请信,荷芝答应了。

虞老师离开舟山回上海那段时间,荷芝就从小沙越剧团辞职出来,完全成为一个自由人了。不过,她还是有点失落感,毕竟在这个团里待了数年时间,和团里的小姐妹混熟了,大家相处得非常和睦融洽,当时的越剧团像一个大家庭,一时要离开,不仅她自己舍不得,许多姐妹也都挽留她……是啊,成为一个成熟的越剧演员,这不容易,她付出那么多,一路艰辛走来,克服了多少困难,如今要弃它而去,心中真不是滋味,更有说不出的伤感与甜酸苦辣……但为了能转行学魔术,不跨出这一步怎么行?得失得失,有得必有失,一个人不能样样都兼顾,否则你将一事无成的。所以只有放弃越剧才能走进魔术世界,对她来说,这是一个新天地,她必须闯进去!是的,从越剧团辞职出来,她什么地方都可以去了。这在当时对一个渔家姑娘来说,是不得了的决定,毕竟她要去向往中的上海了!她还只是一个十八九岁的小姑娘,要远走它乡确实让父母担心。在她父母眼中,她还太小,太年轻,万一让坏人骗了怎么办？小小年纪出去闯荡能行吗？住哪儿？跟谁在一起？有危险吗？会有前途吗？在父母眼中全是问题！当时，整个舟山岛几乎没有一个姑娘能做出如此重大的决定，可荷芝自己选择了自己的命运，选择了自己一生的事业，也坚定了自己的信念，义无反顾地要追随上海的魔术师虞雪芬老师，今后也要成为一个魔术师。

那个时候，荷芝对魔术已经有了一点概念。所谓魔术，这是一种古老的表演艺术，其实它渊远流长，有悠久的历史，可以说魔术发展到今天已经形成了规模，近年来世界各国都有著名的魔术师出现，一代代传下来，许多魔术表演手法推陈出新，新的表演形式也层出不穷。譬如在魔术表演时，融入舞蹈艺术，使舞台效果更加完美；应该说，近年来许多大大小小的魔术团队活跃在各个剧场之间，演出频繁，深受观众欢迎。

其实，魔术一词是外来语，我国古代称为"幻术"，传统称为"变戏法"，从表演的方法来说，魔术主要依靠道具、各种手法，以及空间和时间等物理和化学的多种科学原理，用绝妙的创意和构思，灵活运用各种表演手法，并创造性地发挥变化，造成种种奇特、让人难以识破和理解的场景，以获得出奇制胜的演出效果。其实魔术早在两千多年前就已出现在我国秦汉唐宋时代的"百戏"中，而这种小型的变戏法都在热闹的市井街上表演，绵延流传数千年，曾深受市民百姓的喜爱。直至明清年间，魔术作为一种表演技艺更为发展。

半个多世纪来,随着中外艺人交流日益增多,国外经典魔术也大量传入我国。多年前,美国的魔术师大卫·科波菲尔到中国来演出,他所表演的魔术节目基本上是大型魔术,他的表演让人震撼,当时演出盛况空前。电视转播他的演出场景,看了让人傻眼,难以令人置信,譬如他把现场的飞机一下子变没了,这真的让人惊叹!你说你会相信吗?不会相信的,你一定认为这是假的,确实是假的。但事实就是他当场把飞机变没了!这可是真的,这就让你感到震惊、让你不可思议,这就是魔术,这就是魔术的魅力!它会让你百思不得其解,这在当时是非常轰动的表演啊!

谈到近百年来中国魔术的发展脉络,可以分为南北两大部分,南方的魔术艺人侧重于吸取西方的魔术表演手段,一般来说,发展得比较快;北方则更多地借鉴亚洲的表演技艺、传统手法,发展得也不错。我国魔术的南北两大流派表演技法大致是这样一个情况:所谓南派,其表演讲究

道具造型的精良豪华,演出更趋典雅优美,天衣无缝、一气呵成,表演时一般不说话;北派多重于手法上的技巧,除表演灵活洒脱外,还注重"说口",以加强演出的表现力和喜剧效果,在逗乐观众的同时,也丰富了魔术表演的艺术魅力。这成为北派魔术表演的一个主要特点。然而,随着时间的推移,随着魔术表演艺术的日趋完善,南北两派魔术的交流日益频繁、日益接近,近年来互相取长补短,都有不俗的发展和进步。应该说,如今南北两派的各自特色已不是很明显了。

对严荷芝来说,她要学习魔术投身魔术事业,决非易事,魔术基本都是祖传的,按照传统,一般都传授给自家人(子女亲属),魔术一般不容许传授给外人,且传男不传女,多少年来都是这样延续下来的。而荷芝跟虞雪芬非亲非故,凭什么人家一定要传授给她?其实当时荷芝没想得那么多,也不懂这里边是有讲究的,可以说,荷芝的人格魅力和她对魔术事业的执著让虞老师感动了,当时她就看出荷芝对魔术的入迷和志向,且

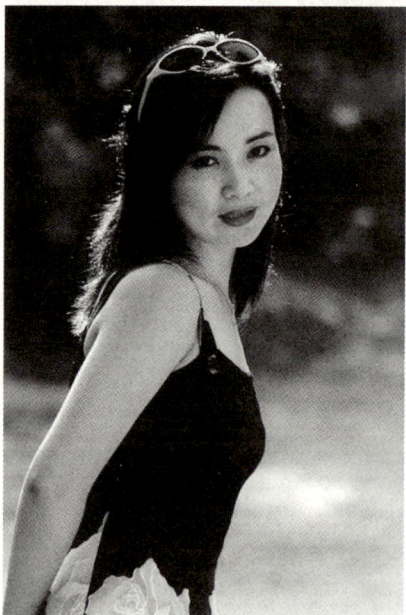

她有表演天赋，今后一定会成为一个像她一样的魔术师。只要她带荷芝出道，她会走得更远，飞得更高，虞老师知道她一定能青出于蓝而胜于蓝。

确实如虞老师估计的那样。那是一九八六年春，荷芝正在等她的邀请信，她当时住在定海县城的小姐妹家里。但邀请信却迟迟不来，她心急如焚，却杳无音信，只能耐心等待。这段时间，荷芝为了生存下去而四处打工。有一次，荷芝应聘到县医院当了临时护工及清洁工，她干活手脚灵巧主动，学习勤奋（如护士常识等），对新生事物接受很快，对待病人体贴入微，深得病人和医院领导的认可。由于荷芝工作出色，最终医院把荷芝提升为正式护士。从一个清洁工到护工到护士，短短几个月时间，这确实是一次飞跃，几个月就学会了护士的工作，这很不容易。这也是她的性格，她对任何一项工作都是一丝不苟、十分认真的，可一段时间下来，她每天流鼻血，但她偷偷擦干了血迹继续工作，她坚持了一段时间，慢慢就适应了。荷芝在做护士工作期间，发现自己能胜任这项工作了，很高兴，她觉得自己喜欢这项工作，她出色的工作深得医院上上下下的喜欢，由此她心中很高兴，她曾经一度希望自己留在医院里当一个真正的护士，在当时这是多么好的工作啊！应该说，当时一般人是进不了医院的，更别说当护士了！是的，如果不是虞雪芬老师来信邀请她去上海学魔术，荷芝一定会成为一个出色的护士。

　　这就是命运。值得一提的是，那段时间，她还跟人学了一个月的裁缝，尽管是学了一点点手艺，但由于她心灵手巧，悟性极高，竟然学会了自己做衣服！这对她以后事业的发展起到了不小的作用。

　　等待是焦虑的。这期间她想了很多，譬如自己选择做魔术这一行是不是正确？人家跟自己萍水相逢，会教她吗？如果愿望落空了，也就是说虞老师的邀请信不来怎么办？！是否自己还去上海找她？或者放弃魔术，重新回到越剧团去？后悔吗？当然她心中明白，人生是没有后悔药吃的。当时尽管想得很多，但她一直没有放弃自己的憧憬和理想。既然给她看到了这神奇的魔术，既然自己已经决心这一生非干这一行不可了，那就继续等待吧。不要再患得患失了啊！当时她的想法就这么简单。她有预感，虞老师的邀请信一定会到她手中，她必须耐心等待，然而，等待的时间是漫长的，但她坚持下来了。

　　四个月后，荷芝终于收到虞老师的邀请信。她激动不已，毕竟她在企盼这封邀请信。信中的内容很简单，虞老师要求她先到上海跟她见面，然而用三天时间，突击跟她学习几套魔术，同时参加她的魔术团队外出演出……荷芝感慨万分，她终于能够去上海学魔术了！终于能圆上自己的魔术梦了！当即回家跟父母告别，父母怕她年纪小去上海闯荡会出问题，但她耐心地劝慰父母，说她这次去上海是为了学魔术，魔术是一种表演艺术，人们都非常喜欢……将来还能靠它吃饭，这对她以后的发展很重

要……她的两位哥哥
也帮着她劝说父母，希
望能让父母安心。父
母将信将疑，在他们眼
里，去上海是出远门，
一个女孩子家出远门
怎么行？会出事吗？
但荷芝和她的两位哥

哥还是说服了父母，她有充分的理由，父母最终让步了，放她去
上海找虞雪芬老师。

　　第一次到上海的感觉记忆犹新。对荷芝来说，一切是那么
的新奇。当时她才十九岁，是一个怀着梦想和憧憬的渔家姑娘，
当然还是一个辞职的越剧演员。一个十九岁的姑娘孤身一人去
上海闯天下，这在当时是非常少见的，在她的家乡长白岛更是绝
无仅有的，一个地地道道的渔家姑娘，一个有目标有理想有期待
的女孩子，在上个世纪的八十年代中期，就意识到要改变自己的
人生命运，就只能靠自己，而且自己选择了目标和方向作为一生
的追求，真的让人赞叹，她的意识是如此超前！可她仅仅才十九
岁……她能实现自己的人生目标吗？当荷芝见到虞雪芬老师
时差不多双眸湿润、热泪盈眶了，她跨出这一步可不容易，而且
她还足足等了四个月，等待的时间总是漫长的。然而，此时此刻

她终于跟虞老师见面了！对荷芝来说，跟虞老师见面是历史性的啊！可一切该如何开始呢？

虞老师见荷芝姑娘聪明伶俐还如此恳切守信，非常感动，认为她是可塑之才，一定能走上正道。此后三天，仅仅是三天时间，虞老师就让荷芝跟她学会了"单绑女郎"和"奇坤蛋"两套魔术。随后虞老师就邀荷芝跟着她的魔术团赶赴长春，在长春的胜利公园参加她魔术团队为期三个月的演出了。

荷芝是有悟性的。从一个看魔术演出的观众到成为一个魔术表演者，仅过了半年时间。她很幸运，可以说这机会是她自己找来的。然而，胜利公园连续演出三个月，其中甘苦一言难尽。尽管荷芝是个勤奋好学的姑娘，但一切不像荷芝想象的那么简单。应该说荷芝是通情达理的，不计较个人得失。进入魔术圈子后，她干得非常辛苦卖力，可慢慢她就发现，魔术这玩意儿轻易不可能学到手。绝技难以也切忌让人识破，前辈更是轻易不愿传授。最后她悟出一个道理：学魔术要靠偷偷地学。

应该说，在长春的三个月对她今后的发展十分重要，尤其是头一个月，她会的魔术不多，但每天耳濡目染，使她意识到这门技艺是可以偷学的。事实确实也是如此。此时此刻，她的机会多好啊！毫无疑问，荷芝是感激虞老师的，她觉得虞老师为她创造了良好的学习条件。于是每当虞老师演出时，她就认认真真地看虞老师表演，每个细节都抓住不放。她有悟性，有毅力，更有耐心，她站在后台，一遍又一遍地看着她表演，渐渐悟出门道，暗暗记住每个细节的表演手法。当夜深人静时，她就悄悄去道具间，偷偷把玩、反复练习，直至学会吃透、真正掌握才去睡……这样，凡是虞老师在台上表演过的魔术节目，她几乎都学会了，所以这段时间她很辛苦，睡得非常少，但她感到很充实很振奋，尽管每天睡的时间不足五个小时，但她学到的东西一辈子也忘不了。

由于连续演出太累，当时的虞老师确实吃不消了，而荷芝竟然把她表演的所有魔术都学会了。这让虞老师十分惊奇，因为她知道，许多高难度魔术的表演手法，自己并没有主动教过荷芝，她是怎么学会的呢？这让她非常困惑，这一切怎么可能呢？！难道严荷芝是天才或是神人抑或是妖魔？当荷芝表演时，团里所有的人都惊呆了，这一切简直难以令人置信！但是事实就是这样，由于这段时间荷芝勤奋好学、刻苦钻研，她在很短的时间内掌握了虞雪芬老师的所有魔术表演技法。对荷芝来说，这一切都来之不易，是她自己努力的结果。由此虞老师对荷芝刮目相看了，心中暗暗佩服她。终于，机会又一次降临到荷芝身上了。

是的，每天连演三到四场是非常消耗体力的。由于虞老师长时间连续演出疲劳过度，渐渐感到体力不支，确实需要休息几天了，于是，她就毫不犹豫地让荷芝顶上去表演了，她相信荷芝是能够胜任的。最后，按照虞老师的心意，聘荷芝为主演，并为她重新设计了全场演出。荷芝没辜负虞老师的期望，她的表演出乎意料地深受欢迎，每次都非常完满地表演到结束。

虞老师见荷芝能控制全场良好的演出气氛，每场演出都出色地演到终场，而且深受观众欢迎，就非常高兴，本来担心荷芝不能胜任全场演出，现在见她演出成功且掌声雷动，心中欣慰不已。虞老师觉得自己邀请荷芝去长春演出是十分明智的，在她的魔术团队中，荷芝是个最佳的得力助手，更是个魔术天才，她带荷芝出

来入这一行是天意,荷芝可以做好这一行,且能做得非常出色,今后前途不可估量。由此,她让荷芝一直演到合同期满。

在长春演出期间,荷芝不仅当主持还当主演,成了团里的顶梁柱。荷芝出色的表现让全团人员刮目相看,更让观众青睐赞赏。然而,连续演出三个月后,荷芝也累垮了,但为了顾全大局她顶住了,一直坚持到整个演出合同结束。这让虞老师非常满意。

在胜利公园演出的三个月,荷芝几乎没去逛过一次街、上过一次馆子,也没去任何地方玩过一次。长春对她来说还是陌生的,但她对这个城市有感情,这一生难以忘怀。在一个人地生疏的地方,在虞雪芬老师的魔术团里,她竟然悄悄学会了二十几套魔术的表演方法,而且成功演出了一个多月,这确实让人惊奇、让人钦佩,但这又是确确实实的,这是她以后做魔术这一行的基础啊!

六、短暂的文化馆生涯

　　从长春回到上海,又从上海返回舟山,荷芝已经成为一个身怀绝技的魔术师了!不过,当时的舟山父老乡亲还不清楚她有何能耐,可命运已经使她成为一名定海文化馆的临时工了。这对一个渔家姑娘来说,是非常了不起的。一名渔家姑娘靠自己的实力进入文化单位那是很不容易的,毕竟她没有背景,所有的亲戚几乎都是捕鱼为生,没有人能够为她提供方便,一切都得靠她自己。是的,这是吃公家饭、是一个人人羡慕的文化干部,所以当时认识荷芝的人尤其是同学们都非常羡慕她。尽管荷芝刚进去时干一些普通的(卖票之类)工作,但以后是可以发展的啊⋯⋯那时,荷芝怀着美好的憧憬,暂时在文化馆里待了下来。

　　尽管当时荷芝已经在县文

化馆报到了，可她家乡的人还不知道她会魔术表演。那是上世纪八十年代中期的国际劳动节，荷芝应邀去一艘大船为船工们演出。这是她回舟山第一次为乡亲们演出。当时荷芝还没有组建魔术团队，只是几位领导干部如洪国壮等陪她一同去船上进行慰问演出。

　　轮到荷芝演出了。由于道具问题，她表演了几个小型的魔术节目，可她的每段表演都让观众惊奇不已，喝彩声和掌声此起彼伏。值得一提的是，她带回的小道具中有一把铡刀，铡刀非常锋利，当她把铡刀放到桌上后，大家的目光全都集中在这把铡刀上了。荷芝不慌不忙，把预先准备好的大萝卜放进了铡刀之下，然后轻轻地将铡刀按了下去，咔嚓一声，萝卜一断两截。再试，又断了！这一招让荷芝证实了这把铡刀的真伪，而观众们相信这是一把真的铡刀，这是开不得玩笑的真家伙啊！然后，荷芝请陪她来的洪国壮先生协助她表演，她微笑着要求洪先生把手臂伸进铡刀之下。洪先生有点害怕，因为他刚才也看到了这一幕，即萝卜被切成了两段！这毕竟是真的铡刀，自己的手臂放进去会有危险的啊！但是荷芝要求他把手臂伸进去，他只得照办，此时此刻上百双眼睛注视着他。他想，自己只能豁出去了。于是他小心翼翼地把手臂伸进了铡刀。大家的目光凝聚在他的手臂上了，洪先生感到有点紧张，对他来说这毕竟是第一次，万一有什么三长两短的该怎么办？此刻，荷芝微笑着扫视了整个观众席，当她手执刀柄把刀铡下去时（也许是因为条件反射），洪先生忙把手臂抽了出来……洪先生不好意思地笑笑，这反倒把观众逗乐了，本来紧张的气氛一下子放松了。荷芝要求洪先生将手臂再次放进去，但他还是有点紧张，他想这次真的豁出去了，要不人家真笑他胆小了！于是，这次他就勇敢地放了进去，当荷芝把刀铡下去时，他闭上了眼睛……表演成功了，铡刀按了下去，而他的手臂安然无恙。这时候，掌声雷动，大家用惊异和钦佩的目光望着荷芝，这表演太让人不可思议了！这就是魔术，这就是荷芝追求的魔术表演啊！

应该说，荷芝是有远见的。机会总是给有准备的人。那是1985年的秋季，舟山全岛举办首届文艺汇演，荷芝代表自己的家乡长白乡参加了演出，她的魔术节目（空袋变蛋、单绑女郎等）

一鸣惊人，轰动评委和整个观众席，有些认识她的观众觉得好震惊，严荷芝不是一个越剧演员吗，怎么一下子成了魔术师呢？！她是怎么学会变魔术的啊！大家都感到非常好奇。确实，荷芝好评如潮的魔术表演获得最佳台风奖，为长白乡争了光，更为父母争了脸。荷芝心中却暗暗感谢一个人，那就是带她出道的虞雪芬老师。当时的文化局长激动不已，连声问这是谁发现的人才，我们舟山可从来没有表演魔术的姑娘啊！当即邀请荷芝参加下一轮的演出活动。

接下来的一系列演出活动非常成功，每到一处，均受欢迎和追捧。没多少日子，轰动了整个舟山市，舟山人为之倾倒，这使荷芝一下子成为舟山的名人了。许多记者来采访她、报道她，有的还请她签名，但荷芝非常谦虚，她告诉他们，对她来说，魔术事业还刚开始，她还得继续努力，继续学习，因为学无止境啊！确实如此，尽管荷芝魔术表演十分出色，可演出结束后，荷芝虽被留在星海艺术团里当演员，但不演出时却在塑料厂上班，做一些简单的重复劳动，工作虽很轻松，可仅待了一个月，荷芝就闲不住了，她心中感到郁闷，如果这样消磨下去，她的魔术技艺会退步的，不进则退，她该做出决定了……该怎么办？留还是走？又到了选择的时候了。选择是人生道路上最困难的一件事情。想来想去，她觉得留在这儿是在浪费时间，她还是应该到上海去发展，到上海去寻找新的魔术梦，做自己喜欢做的事。最后，荷芝选择了辞职去上海发展。

七、在上海的日子里

上世纪八十年代末，荷芝来到上海发展，这儿的一切对她来说还是陌生的。当时上海的市容还是比较老旧的，一切都在建设之中。动迁刚开始，新建的高楼不会超过五十幢，市区的黄浦江上还没有一座大桥，也没有高架，更没有地铁，交通工具主要是公交车。乘在公交车上，尤其是市区的公交车，速度慢得让人心焦、让人昏昏欲睡，还挤得要命，一不小心你脚上的鞋就可能不翼而飞……不过当时人们的生活节奏比现在要慢得多，在街上走路也是慢条斯理的。如果你从市中心去闵行，那要花老半天时间，你坐在车上会心安理得，如果喜欢阅读，带上一本不是很厚的书上车，等车到达目的地，差不多这本书也可以读完了。那时出租车还不多，还没形成气候，叫

出租车的人很少，老百姓还没叫出租的
习惯。此外，外乡人要租个房间住下来
也难，一般都住小旅馆，出租屋还没形
成规模，但已经有了。当时荷芝为了省
钱，为了能在上海发展，她四处奔波到
处打探、终于租了一间简陋的小屋住下
来。可以说改革开放后，荷芝是比较早
的从海岛闯入大上海的年轻人。

　　那时，在上海的日子很艰辛。对
荷芝来说，吃穿住都是非常简单的，只
要能过得去就可以了。如果没有演出，
就没有收入，家里不可能提供她经济援
助，所以只能省吃俭用，以维持最低的
生活需求。生活虽然艰苦，但她的理想
很明确，那就是魔术，所以她感到自己非常充实。在荷芝的眼
中，上海是国际大都市，尤其她来到世界建筑成群的外滩，来到
商品琳琅满目的南京路，来到格调高雅的淮海路，尽管感觉这里
是那么的繁华，那么的让人砰然心动……然而荷芝对此就是无
动于衷，女孩们喜爱的服装、化妆品等，她并不十分关注。而只
有魔术，才是她追求的唯一目标，其他一切，在她心中没有位置，
可以说当时她对魔术表演已经十分入迷了，她在长春演出的工
资都花在追求魔术事业上，只要哪儿有魔术表演，她都会买票去

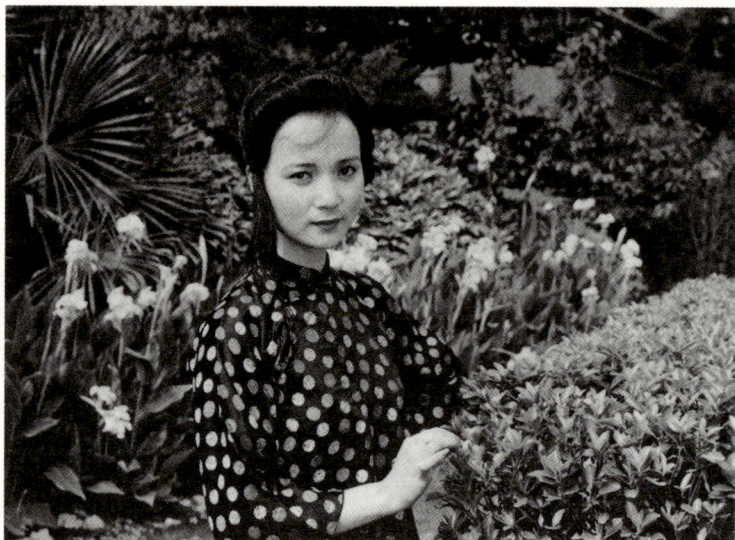

欣赏去学习。

　　这个时候，虞雪芬的新奇魔术团一时找不到演出任务，团里劝荷芝暂时回家乡等待，等到他们接到演出任务再出来，随同他们一起去演出。可荷芝为了多学点魔术，一时没回长白岛的家乡，她在上海待了三个月，她要好好看看上海，同时她还要进一步学习魔术表演。她已经深深地了解，艺术是无止境的，只有不断地追求，不息地探索，技艺才会有所长进。这想法没错，可要具体实践却没那么容易，要花时间和金钱。而当时荷芝的经济状况是非常差的，几乎没有多余的钱，只能从饭钱中克扣下来。当时上海的大世界重新开放不久，演出正兴盛，外地人来上海旅游、办事，没有不去大世界看演出的。大世界可以说是上海的一个品牌，许多演出都在这儿进行，曾辉煌过好多年。荷芝也不例外，获悉大世界里有魔术表演，就毫不犹豫地去看了，一路上自然花费很多，可她认为这是值得的。

有一次，在大世界中央的露天杂技场里，正逢银川杂技团在演出魔术。一个接一个新奇的魔术表演，让荷芝很有感受。在演出过程中，表演者杨玉兰邀请台下观众上台做她帮手。荷芝二话没说，抢先一步登上了舞台。根据杨玉兰的要求，荷芝一一照着杨玉兰的要求做了。荷芝一丝不苟地配合着她，两人演得非常默契。演出结束了，掌声经久不息。杨玉兰对荷芝依依不舍，热情地邀请她去她那儿聊一会。她说荷芝对魔术表演有一种特别的感觉和天赋，可以入这一行试试。荷芝诚恳地说出了她的故事，杨玉兰听后很赞同荷芝的选择，认为荷芝姑娘克服困难，一心一意来上海学习魔术是有理想有追求的表现，是难能可贵的，将来一定能够成功。

此后几天，荷芝天天去大世界看杨玉兰演出，为她捧场，还配合她表演，

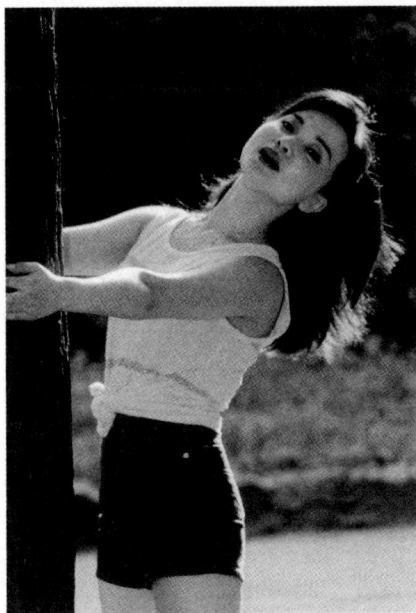

尽管自己花费很多，但荷芝觉得这是应该付出的，更是值得的。这期间她迷上了杨玉兰最拿手的球的表演，这其实是比较难学的，教起来也费劲，但荷芝还是向杨玉兰提出了这个要求，希望杨玉兰能教她学这套一球变多球的魔术表演。杨玉兰感动了，她没想到荷芝会如此执著，为了学魔术竟然天天来看她演出，这是一个值得教的姑娘啊！当即手把手地向荷芝传授了这套球的杂技魔术。

杨玉兰教给荷芝的这套球的魔术，练习起来非常困难，球的表演一般难度很高，需要长时间不间断地练习。从另一角度来说，这完全是手上的功夫，从一个球（乒乓球大小）渐变成八个球，在两指相交处夹一个球，最后让观众看得眼花缭乱。这是高难度的魔术，可不太容易学到手，且表演时绝对不能让观众看出破绽。荷芝为此足足练了三个月，三个月就练一套魔术表演，这代价真的是太大了，但她就是有毅力，有信心，尽管有时觉得太难了想放弃，但还是舍不得，既然学了就要学好它！这套表演太吸引人了，最后通过不懈的努力终于把它学到了手。

由于刻苦钻研，荷芝把这套"一球化八"的表演技艺掌握得出神入化，且有了进一步的发展，每次表演都让观众看得目瞪口呆……后来，荷芝对这套魔术进一步加工改进，在反复练习的过程中，她加进了一个球，这就是目前国内很少有人会变的杂技成分较重的"一球化九"魔术。

在上海的这段时间里，荷芝所思所想没有离开"魔术"两个字，魔术已经魔幻般渗入到她的血液中了。那段时间，她省吃俭用，却常去新华书店找有关魔术的书来看，但当时这种专业的书真是太少见了。也没有魔术学校，要学习只能看演出，所以当时上海哪儿有魔术演出，都逃不过她的眼睛，她都会赶去欣赏观摩，有时同一魔术演出不止看一次。这对一个初出道的魔术追

求者来说，真是太重要了。不久，机会又来了。这天，当时中国
著名的女魔术师邓凤鸣在徐汇区某剧场演出她的魔术，当时引
起了轰动，荷芝自然不愿意错过这次学习机会，很远的路赶去，
买票进场看了。当邓凤鸣表演她的绝技"束指自由"时，荷芝很
震撼，觉得这套魔术太新奇了。魔术竟然可以这样表演，这让观
众非常惊讶，邓凤鸣的演出效果真是太好了。她暗暗下决心，要
学会这套魔术。此后她又连续去看了两场演出，尽管路途遥远，
乘车不很方便，但她每次都早早地赶到剧场，早早买票坐在前
排，通过她的慧眼，仔细观察了每个环节的表演技巧，终于识破
了这套魔术的表演手法。由于荷芝多次前去观赏，很自然地跟
邓凤鸣相识了，两人萍水相逢，一见如故，邓凤鸣邀请她上台跟
自己配合表演，荷芝答应了，最后两人有了一次愉快的合作，引
起轰动，至今荷芝还记得那场感人的演出呢。

八、东海少女魔艺团

　　在上海的日子里，在观赏了上海大大小小魔术团的演出后，荷芝渐渐就萌生了自己办一个魔术团的想法。那时她才二十岁，二十岁的年龄就自己想创业，可谓不知天高地厚。可一个年轻的渔家姑娘为了改变自己的命运，为了让父母晚年的生活能过得好一些，为了能做一番事业，有自己的梦想和憧憬，就让人由衷地钦佩。可是，要创办魔术团谈何容易？！怎么才能办起这个以魔术为主的演出团队呢？一无所有的她从上海回到家乡，首先跟父母商量，父母自然理解她，也希望能支持她，但家里穷得丁当响，不可能有钱给她办什么魔术团。说到后来，父母劝她早点成亲，一个女孩子家的，老是在外东奔西闯的太苦啦。确实，父母是为了女儿考虑，为她的前途考虑，万一办团失败了怎么办？最后父母希望她早日过上稳定的生活，这也是在情理之中。但荷芝知道，办魔术团只能靠她自己了。

　　其实，这段时间，岛上已经有不少人家来严家提亲，荷芝父母是老实人也比较传统，人家三番五次地来提亲，你怎么拒绝啊？唯一能做的只是选择一户好人家、好后生，但当时的观念

59

是，只要不出海捕鱼，只要是城镇户口有正当工作就算是好人家，而男孩子如果是工厂里的工人就算是条件非常优越了。那个时候，在舟山岛上当个工人是很吃香的，一般当个工人都要有点背景，否则就很难，如果当上工人，这是一家人的荣耀，而当事者的生活、生命将都有保障（相对出海捕鱼）。当时岛上的姑娘们谁都不愿嫁给出海打鱼的，原因就是渔民的生活、生命都没有保障。就拿荷芝的四个舅舅来说，他们多年出海捕鱼，尽管风里来雨里去，受尽了生活的煎熬，然而先后就没一个活着回来，荷芝的舅妈们都守了寡，捕鱼为生的渔民，几乎每家都有一段血泪史……是啊，捕鱼捕得一个舅舅都不剩，谁还愿意嫁给捕鱼郎啊……恰好这时有个这样条件的同乡来提亲了，对方男孩子还是复员军人，复员后在厂里上班，这样的条件确实诱惑岛上的所有姑娘……是的，在这种情况之下，父母希望荷芝同意这门亲事是十分自然的。他们劝荷芝不要再出去闯荡了，也不要办什么魔术团了！在两位老人家看起来，一个小渔村里出来的姑娘会有什么能耐啊？

在外面闯荡有风险也太辛苦啦，不如早点嫁个好人家，还可以享福呢！

应该说，他们和岛上其他人一样都比较传统，男婚女嫁按照当地风俗习惯行事，现在有一户好人家来说媒，为什么不答应人家呢？再说他们对荷芝的理想和追求不是很熟悉很理解，不明白荷芝为什么要这样，所以就竭力劝说荷芝。但荷芝有自己的想法，当时根本没有想到要嫁给谁，她就是千方百计地要把魔术团办起来，心思全在这上面，哪里还会想到嫁人结婚呢？荷芝告诉父母，她结婚的事以后再说，她还坚持要求父母推掉这门

亲事。

在乡亲们的眼中，荷芝人小志大，不知天高地厚，担心她成不了气候，反而错过了最佳的结婚年龄，亲眷们也都纷纷劝她。但荷芝决心已定、义无反顾。当时她仅仅才二十岁，这个岁数在大人眼中尽管还是一个孩子，但一个女孩子都是这样的年龄出嫁的，而荷芝却自作主张、一意孤行，毫无疑问，父母用将信将疑的目光看着她。其时，荷芝毫不犹豫地向乡里的书记、乡长寻求支持，她的诚意和想法说动了他们，他们对她提出办魔术团的想法产生了浓厚的兴趣，这在当时是新生事物，尤其是在长白岛，一个渔家姑娘要创办什么魔术团，真的是史无前例。尽管没有先例可依，但在当时乡长、书记眼里，凡是有利于发展、有利于繁荣人民群众文化生活的事，一切都可以尝试。他们明白，荷芝的东海少女魔艺团办起来后，可以丰富渔民和岛上居民的业余文化生活，所以应该一百个支持。由此乡领导对荷芝希望创办一个演出团队的要求一路开了绿灯，但办团的资金还是要靠荷芝自己去想办法。

对荷芝来说，资金确实是大问题。她白手起家什么都要靠自己，那时她才二十岁，在大人眼里她还是个孩子，她要办魔术团能行吗？大家都用疑问的目光看着她。可荷芝决心已定，义无反顾，自己一定要做魔术这一行，就先得跨出这一步。是的，一切都得自己想办法。当时几乎全村人都知道小荷芝的想法和志向，这是在上个世纪八十年代末。这壮举对这个小小的渔村乃至长白乡甚至全舟山岛来说，都是前无古人，然而人们对她办团的事不甚了解，持观望态度。此后的几天里，村里几乎没人拿钱出来支持她。荷芝沉默了，但还是怀着期待，她知道，她的理想会惊动上天的，总有一天，她会把小小的魔术团办起来的！

憧憬是美好的。只要心诚，愿望是能够实现的。荷芝的估计没有错。当时，她的壮举惊动了一个人，他就是村里有名的乐善好施、助人为乐的戴成康大哥，当时他家藏有三千元钱，对一个渔村村民来说，这确是一笔巨款。多少年来，他是看着荷芝姑娘长大的，深深感到荷芝姑娘跟一般渔家姑娘不一样，她聪明伶俐、有事业心，且有文艺天赋。在他眼里，荷芝是个能够做大事的姑娘。当他获悉荷芝想办团的事情后，当即就跟他老婆商量，最后决定拿出钱来支持严荷芝办魔术团……那天，他捧出三千元对荷芝姑娘说："妹妹，你尽管拿去用，大胆地往前走，你一定会成功的！"荷芝热泪盈眶，这是雪中送炭啊！她太激动了，她没想到戴大哥竟然如此理解她，如此相信她，帮她解决了资金上的困难，这太难能可贵了！要知道，对荷芝来说，这在当时是一笔巨款啊！没有这些启动资金，她是什么事情也做不成的，她想等到自己成功后，一定会报答他的。当然她没说出来，事实证明，她后来确实做到了有恩必报。

有了资金，荷芝就开始为自己的魔艺团忙碌起来了。不仅添置了简单的道具（有些道具叫人制做）、音响、灯光、舞美等表演的基础设备，同时在乡里招聘了四个女孩子作为助手，还为她们定制了表演的服装，自己对她们进行必要的培训等等。一切就绪，荷芝最后把她的魔术团队定名为"东海少女魔艺团"，这是荷芝魔术生涯中第一次成立的团队，尽管团队弱小也无名气，但毕竟是她魔术生涯的第一步。此后近半年的时间，荷芝开始了艰辛的演出旅程，在各岛巡回演出，这真的是一种壮举。

当时还不流行什么经纪人，演出事宜全靠荷芝自己。经过多方联系，东海少女魔艺团首演在定海老城区的一家旧书场里，古老的旧书场尽管容得下一百来人，但荷芝还是怕没人来买票看她的魔术表演。所以演出前她四处奔走，到处宣传，忙得不亦乐乎。然而担心是多余的，演出期间每场都爆满，东海少女魔艺团的魔术节目非常受欢迎。荷芝的出色表演吸引了众多的观众前来观看，有些乡民从很远的地方赶来，自发地捧她的场，这让

荷芝没想到，她非常振奋。演出期间，她还请两位哥哥陪父母来观看她的表演。她演每一个节目都让她的父母震惊不已，他们没想到自己的女儿竟然这么有魅力。当人们不断为荷芝的出色表演而鼓掌时，他们热泪盈眶，他们太激动了，在他们眼中，小荷芝已经成为一个了不起的魔术师了！这怎么可能呢，一个渔家姑娘啊！父母没法理解女儿是怎么学成的。此后，他们就一直为荷芝祈祷，希望她的魔术表演越来越受欢迎。

演出太成功了。据说，荷芝的表演还惊动了当时舟山区的区委书记，他曾悄悄地来看了她几场演出，荷芝的表演很让他震撼，由此他记住了严荷芝这个名字。然而那个时候，荷芝确实太小了，仅仅才二十岁，心地是那么善良，性格是那么的天真烂漫，不懂什么找领导寻求支持和帮助（譬如说换一个好些的场子等）。所以这个机会就错过了，不久演出因为（迪斯科音乐）影响左右邻居的缘故而作罢。如果当时她主动找上书记，希望书记帮她另找一家好些的场所，书记肯定会支持她的啊！

城内不能演了，荷芝就带着她的魔艺团在岛上巡回演出，这确实是一个壮举。带着这么多的道具（有些道具很大很笨重），半年内踏遍了舟山群岛的黄龙岛、岱山岛、虾峙岛、桃花岛、六横岛等近百个岛屿演出，今天看来太让人匪夷所思了。这样的巡回演出，是要累死人的呀！赶来赶去，途中危险不说，逢到刮风下雨，望着一大堆笨重的道具，真的是很无奈。更让人烦心的是，音响道具是不能受潮被雨淋湿的，所以一路上困难重重，尤其在搬运道具的过程中，工作量是非常大的，一般人都承受不了，更何况是几个姑娘。当时她们租了一条小船作为交通工具，尽管当时招了几个工作人员，却还是嫌人手不够用。

    终于，让荷芝差点失去生命的事情发生了，这也是她终身难忘的事情。由于资金问题，当时她租的小船非常小，而且破旧不堪，然而船上要装许多道具音响，这种小船是经不起风浪的。但她也没考虑这么多，毕竟巡回演出要算经济账。有一次她们的小船在海上航行，不幸遇上了大风浪，这次风浪对荷芝来说是刻骨铭心的。这是突然出现的风浪，让荷芝的小船措手不及。当时，只见天色突然暗下来，乌云密布。小船在大海上开始颠簸起来，风浪越来越大，不久开始了狂风暴雨，这个时候，小船颠簸着随时有被海浪卷走的危险，随团的姑娘们吓得脸色苍白、大呼救命，一个个情不自禁地躲到船舱里挤在了一起。小船摇晃得越来越厉害，好像被打到海底倾覆，感觉这船几乎没有救了……荷芝浑身

湿透、颤抖不止，她心中也感到害怕，如果小船被海浪卷走，那就是她的命……此事此刻她想的很多……慢慢地她镇定一些了，开始默默祈祷，她相信，老天爷一定会眷顾她的，一定不会抛弃她的，因为她父母还健在，她的两位兄长企盼她早日回家。是的，她要报答父母的养育之恩，她要报答村里戴大哥的知遇之恩，还要报答父老乡亲和乡领导的支持……她决不能被风浪卷走，她要活下去，为了魔术，为了父母，为了父老乡亲，她一定要活下去，她还有许许多多事情要做，她祈求上苍给她一次机会，是的，还有这些被她招募来的小姑娘，她们更要活下去……她的祈祷是有效的、管用的。真是老天有眼，不久，奇迹真的出现了，风浪竟然慢慢地小了下去，暴雨也渐渐不再肆虐了……小船终究又浮出了水面，尽管此时此刻还在颠簸，小船还是摇晃得厉害，但毕竟没有被海浪掀翻啊！

乌云也慢慢散开了，风浪过后，姑娘们竟然还不敢出船舱，荷芝高兴得泪流满面了，她向她们喊道，快出来啊！现在没事啦，风浪过

去啦,我们都还活着啊……吓得半死的姑娘们这才一个个从船舱里钻了出来。这事尽管已经过去二十多年,但荷芝回忆起来,至今还心有余悸。

在巡演的三个多月里,她们整日奔波于各岛之间,每天要演两到三场,而晚上常常只能睡四五个小时,每个人都感到疲惫不堪,人几乎崩溃。幸亏她们都年轻,要不真的就累垮了。更让荷芝揪心的是,有时整个团队被困在岛上没法动,(演出期间遇上大风浪)船出不去,有一次困在岛上十多天,竟然断粮挨饿,有的姑娘几乎绝望,那时候通讯又不好,无法跟家里人联系,有的女孩感叹自己命苦……幸亏乡亲们送来了粮食,总算度过了一劫。由于资金用完,整个团队几乎被拖垮了,但荷芝是有毅力是有人格魅力的,在她的领导和周旋下,还是顶过来了,坚持到最后。回望当时这一幕幕险情,确实惊心动魄,荷芝的这段经历让笔者也嘘唏不已。

荷芝的东海少女魔艺团成立后,尽管历经艰辛,为各岛父老乡亲演出的收入却并不可观,有的地方还赔本。毕竟乡里乡亲的,人家不愿买票进场,你也没办法。有好多场就是白演的,人家涌进剧场,你不能赶人家走,这样的话成本都不够,怎么积累资金还债?就当是广告宣传吧,这样想心也就平了。是的,有失必有得,通过半年多的巡回演出,荷芝的东海少女魔艺团已经在舟山出名了。

此后不久,荷芝接到上海魔术团的邀请函,请她去参加他们团队的演出。对荷芝来说，这是一个难得的学习机会。毕竟她当时组建的还是一个小团，要想发展必须多去其他大型团队考察学习，多参加大型演出活动才会有生命力，是的，为了多学点魔术和团队的管理方法她就答应了他们。

离开自己的团队她有点依依不舍，她招来的姑娘们也对她十分留恋，离开时荷芝再三向姑娘们叮嘱，不要解散她们的团队，这个团队是好不容易组建起来的啊！她希望姑娘们（即原来东海少女魔艺团成员）等她回来，她还是要把东海少女魔艺团办下去的，她希望将来这个团队有所发展……她说得恳切感人，她见她们都答应了，就放心地走了。

荷芝来到这家新的魔术团工作后，才知道团长让她担任助手，这是很吃重的工作，而且演出任务繁重，几乎没有休息天。有一档节目，没人敢于配合演出，但她自告奋勇地上了，这套魔术注重技巧，注重演出时的魅力，所以比较有难度且有危险。即每次表演时她就得钻进箱子，随后几十把刀子插进来，有时常常把她的皮肉插破血流如注，但她还是坚持住，还不能叫苦。对一个姑娘来说，这太难能可贵了，所以荷芝的表现让全团人都喜欢她、敬佩她……一年多的时间里，她深刻体会到做魔术这一行的艰辛与不易。让她欣慰的是，经过这段时间的学习和磨炼，荷芝魔术技艺大有长进，表演也更成熟了。

九、无奈的"初恋"

　　舟山的长白乡有一句俚语,那就是"长白女子秀山郎"。这句话在当地已经流传上千年了,也就是说长白乡是出美女的地方,而秀山是出美男的山乡,这说法早已闻名遐尔。事实也确实如此。当时,荷芝就是当地有名的美女,不仅长得秀丽清纯,而且有内涵有文才,长白乡没人不知道她的。荷芝那时才十七八岁,就已经是一名越剧演员了,所以乡邻来说媒的人家就非常多,几乎踏破了严家的门槛。荷芝在小沙越剧团当演员时,就早已有人相中她,一次次托人来严家说媒。这让她很尴尬,当时她根本没有想过自己要嫁给谁,只是一心一意想学好戏、当好一个越剧演员而已。但是荷芝的父母希望她能早点定个好人家这倒是真的,他们并不了解荷芝心中究竟想的是什么。其实当时她一心希望自己能多挣些钱回家贴补家用,对婚姻几乎没有概念。应该说,那个时候在舟山本岛还是按传统方法来处理男女间的婚姻大事,即先有媒人上门说媒,征求对方父母的认可,由父母说服女儿(一般家庭都是父母说了算),随后逢年过节互相往来,男方向女方赠送礼品,不久就选定吉日办订婚酒,办完订

婚酒，即选择吉日举办婚礼，把新娘子娶回家。这些程序短则半年，长则两三年，看情形而定。

当时岛上有一户人家家境比较好，许多有女儿的家庭都希望这户人家来提亲。然而，他们的儿子李林（化名）看了荷芝的越剧演出后，一厢情愿地对她一见钟情，好多天过去就是放不下她，不久竟然害起了相思病。他的父母当然爱儿子啦，几次三番托人来严家说媒，荷芝的父母当然愿意啦，毕竟这是一户好人家啊，夫妇俩曾反复劝荷芝答应他们算了，但遭到荷芝的婉言谢绝。当时荷芝的理由是，自己还在学戏，岁数太小还不想谈男朋友结婚，其实荷芝当时就立下大志，要当一名深受观众喜爱的越剧演员，潜意识里根本不想这么早就嫁人。

然而李林并不气馁，他很有耐心，居然没有一点知难而退的意思，反而进一步追起荷芝来，在他心目中，荷芝就是他的人了。尽管荷芝本人反对，但这只是时间问题。他很自信，因为他清楚，自己在长白乡条件是最好的，许多人家的姑娘都愿意嫁给他呢！而他就喜欢严荷芝，凭什么不能娶她回家啊？严荷芝不就是一个渔家姑娘吗？能唱点戏有什么了不起的？他的内心深处或许就是这样想的，由此他经常到荷芝所在的越剧团周围溜达，等待能见上荷芝一面也好。对他来说，机会总会有的。当他发现荷芝经常来井边洗衣服时，就提着水桶假装去井边挑水，为了能接近荷芝，他的挑水动作故意弄得非常缓慢，如此可以近距离多看荷芝一眼。随后把水挑到不远处，悄悄把水桶里的水倒掉，又回到井边重新打水，这样多次重复，就可以多看荷芝几眼了，直至荷芝洗好衣服离去。为了一个姑娘而这样做确实有点疯狂，但应该说，他对荷芝确实是一往情深，然而荷芝却一点都没有感觉到有一个同乡男孩已经偷偷地爱上了她。

好多次，李林远远地观察荷芝，荷芝的一举一动，一颦一笑，让他非常痴迷。在他眼中，荷芝简直美若天仙，是天女下凡。此时此刻，他多想上去跟荷芝说一句话啊！但他不敢，见了漂亮姑娘，他情不自禁地腼腆而羞涩，尽管他自认为条件优越，可在荷芝面前，却还是怕她看不起自己。

荷芝开始时并没有觉察到一位同乡男孩看上自己，后来有人告诉她有个曾去她家提过亲的男孩不死心（遭到荷芝的婉拒），仍在痴情地追她……她感到很意外，不知道怎么办才好。其实她的内心深处是不希望认识这个男孩，认识他干吗呢？自己又不想结婚，所以一直远远地躲着他。

此后的一段时间里，李家为了儿子想方设法接近荷芝。还通过一位文化系统的朋友（由朋友的名义）约荷芝到他家一起吃一顿饭，这其实也算是一次相亲了。但开始时荷芝其实并不清楚事情会这样，因为李家怕她不愿意来，所以起先没告诉她实情。结果两人在桌面上认识了，这也算是荷芝跟李林的第一次正式见面吧。但荷芝还是慎重地告诉李林和他的朋友，她暂时不考虑结婚，她还想做些事情，等过几年再说吧。也就是说她暂时还不想嫁给任何人。她希望李林另找合适的对象结婚，他跟

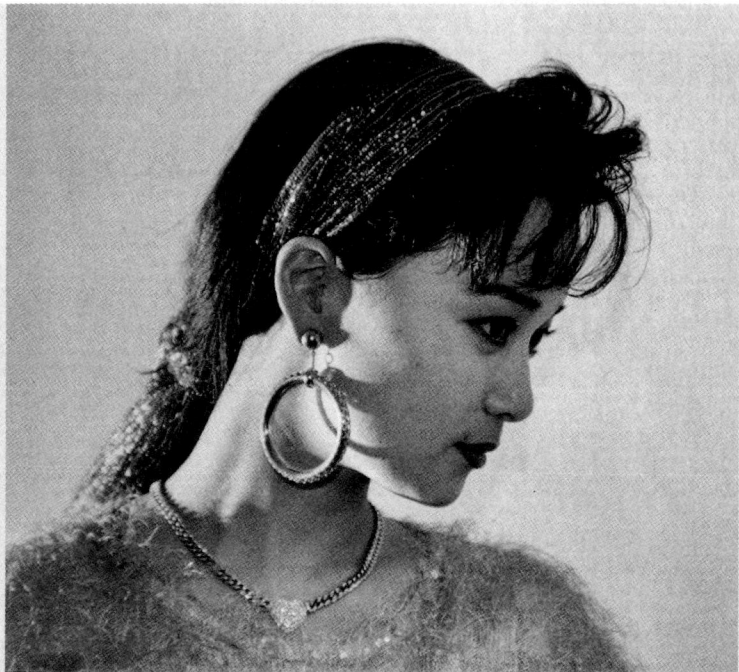

她并不合适……最后她明确而诚恳地告诉李林，她有自己的理想和目标，希望他知难而退，别在她身上浪费时间。

可李林并不被荷芝的婉拒吓退，他是一个有个性的男孩，且有自己的主意，尤其是在选择终身伴侣方面。他早就发现荷芝姑娘不同于乡里其他姑娘，在他眼中她漂亮贤惠，心地善良，她又是那么出色，那么与众不同，而且他看过她的演出，在舞台上，荷芝的表演美轮美奂……他必须娶她为妻，为了能获得她的芳心，他干什么都愿意，因为这是他一生的愿望和追求啊……尽管遭到了荷芝的一口拒绝，但他是不会退缩的，他也非常有自信，因为在当时，他在小沙乡的条件是最好的（他是工人，在岛上当时的工人是非常吃香的，毕竟不要出海捕鱼了，且是城镇户口，许多姑娘都愿意嫁给他，但他一个都看不上，他心中想的就是严荷芝），所以在他眼里，岛上最美丽的姑娘，就应该属于他……话虽然如此说，但荷芝有自己的追求和目标，才二十来岁，该干事业的时候啊，怎么可以轻易嫁人呢？她还想离开本岛去上海闯一闯，如果结了婚就得侍奉公婆，就得做好贤妻良母，就得待在家里做好媳妇带好孩子……自己的理想和抱负该退居其次，因此她必须向李林一家及媒人说清楚这一点，自己还不想结婚，自己有远大的目标啊……但李林好像就是听不懂她话中的意思，要么他是在装傻，此后一段时间，对荷芝还是苦苦追求，不顾她的反对，还是我行我素。让荷芝更难以接受的是，一到逢年过节他就主动来荷芝家拜访，时不时地还送许多果点之类的东西给严家，让人看起来好像他们俩就是在谈婚论嫁。当然荷芝是清醒的，曾跟他再三表明，自己不可能嫁给他，希望他重新寻找合适的对象，好自为之，别在她身上浪费时间，这是没有结果的啊！

此后不久，荷芝接到李林的一封信，李林告诉她自己得了癌症……由于这封信，也是出于道义上的考虑，荷芝去李林家探望了他。事实上并不是他得了癌症，而是他的家人得了癌症，或许是荷芝看错了信的内容，或许是李林故意写错了，这事过去多年无法查实。但既然荷芝来到他家，自然就聊了一会，李林还是谈到他们的婚事,谈到他们的将来,李林坦率地告诉她说他这辈子非她莫娶,他的生活中没有她根本就无法活下去,荷芝是他的天、是他的地、是他的一切,甚至用威胁的言词警告她,如果她不嫁给他,他就不再结婚,他会去死……

听了他的倾诉,荷芝不由胆战心惊,没想到他爱她爱得如此疯狂!竟然会想到去死……这太可怕了,或许他是真爱自己。可是,为了爱一个人竟然死去活来地闹,尽管他对爱情如此执著,但今后如果真嫁给他,这一辈子会幸福吗?恋人之间怎么可以用死来威胁对方呢,这是在恋爱吗?她爱他吗?可此时此刻,她还没有那种感觉啊,初恋的感觉怎么会是这样的呢?

可是,如果她不答应他的要求,他真的自杀怎么办?她有责任吗?应该是有责任的。再说,如果他真的死了,他的父母会恨死她的!她不应该伤害他们一家……由此她唯恐他真会为她自杀,就答应跟他试试看,向他表明自己的观点,即如果他真心诚意地要跟她谈下去的话,那就跟她共事一段时间,看看是否能真正和睦地相处相恋,真正走到一起,荷芝认为不能盲目结婚,更不能不相爱就结婚。当时荷芝已经办起了东海少女魔艺团,她希望李林能跟她一起搞好魔艺团的巡演工作。李林见她如此建议欣慰不已,当即答应跟她去巡回演出,此后李林随团跟了荷芝一个月。

谁知李林进团后,就把荷芝当成了未婚妻,做出许多让荷

芝难以接受的事情来,还有些大男子主义倾向。譬如开会的时候说些莫名其妙的话,跟整个团队处得不很协调,这让荷芝非常难堪;荷芝外出应酬晚归(为了演出场地等应酬),他竟然一点都不理解她,还怀疑她。其实荷芝当时是多么的辛苦,自己是主演,还得去跟人家谈租借场子、签订演出合同等等,可李林却以为她去什么地方跟别的男人鬼混,更让荷芝难以承受的是李林还恶语中伤。这许许多多事情让荷芝很伤心,既然爱她怎么会是这样的爱法呢?这样下去,魔艺团难以维持下去啦!一个月相处下来,荷芝觉得李林跟她志不同道不合,很难在一起做事,更不要说生活在一起了!两人性格差异太大,于是她决心跟他分手了。

让荷芝出乎意料的是,分手也有难度,如粘上手的面粉。反反复复,搞得她身心疲惫,竟然一时难以了断。再一方面,荷芝最害怕的就是怕他真的会自杀。这段时间让荷芝非常揪心。乡里乡亲的,如果真的出事,自己对他的父母、他的家人说什么也是有责任的啊!

麻烦事接踵而来。最无奈的是她必须去他家跟他的父母说清楚,她多么想让一个人代替她去说明情况啊,但没人能替代她,她只能自己去。当她鼓起勇气把自己跟李林相处失败、以及自己的想法跟李林的父母说明白时,李林父母却并不理解她,还以为她太挑剔,外面应酬多交际多,对他们的儿子不是诚心诚意……荷芝无法再作解释,也解释不清,她心中很无奈。最后她竟然在李林家被软禁起来,对方要荷芝的父母还上他们家用在严家的所有的钱,还要算上利息,否则的话就不会放过荷芝。用去多少钱呢?算下来总共三百来元,加上利息要六百元。荷芝父母年老体衰又不会说话,她的两个哥哥也是老实人,根本不会跟人吵架。还有更让荷芝头痛的是,许多魔术道具都在李林家里,没有办法拿走。最后荷芝家凑足了钱,由堂兄去李家交涉,做好了说服工作此事才算摆平。

这就是荷芝的初恋。这能算是初恋吗?回忆跟李林接触的前后经过,荷芝觉得自己是一个没有过初恋的女人。对她来说,回忆这段往事,感到深深地痛,哪怕有一点美好的感觉也是好的啊,可是没有!荷芝觉得自己的心太软,才导致自己的痛苦和创伤。一是以为李林真的生病了,就去看他,被人错觉以为她对他还有点意思。其次是怕他真的为她而死她负担不起,所以断断续续地跟他接触了将近两年,如果他不是用自杀来威胁,她会跟他接触两年时间吗?这是不可能的。是的,此后的许多年里,尽管有许多男孩追她,她就敬而远之了。自己还暗暗下了决心,不到三十岁,决不谈婚论嫁。

十、闯出去，一片新天地

　　那个时候，荷芝已经不满足自己的东海少女魔艺团只局限于本岛演出了。尽管演出很受欢迎，但她要闯出去，让更多的人看到她的魔术表演，让更多的人知道舟山有个女魔术师。她想见证一下她的魔术是不是在陌生的地方也同样受欢迎，检验一下她的魔术艺术究竟有多少吸引力。今天看来，这个想法是不

错的。是的，只有走出去，她的魔艺团才能活起来。确实，她的
东海少女魔艺团太小了，设备简陋不堪，人员也有问题……怎么
才能使自己的团队壮大起来呢？应该说，她的魔术表演在舟山
已经被认可了，如果到外面更大的世界，是不是会被更多的观众
所认可呢？人们会承认她这个新出现的魔术师吗？这个问题一
直萦绕在她的心头。但是，要成为真正的魔术师，她就必须闯出
去，不能局限于舟山本岛演出啊！

　　1988年春，荷芝在考虑成熟以后，终于果断地以三分到五
分利的高利贷借资三万元。三万元，这在当时可不是一笔小数
目，而且是高利贷，毫无疑问，这是有风险的，办团也有可能失

▼ 家庭会议，荷芝向家人描绘她的人生理想。

败啊！你能担保一定成功吗？谁也不敢担保。但荷芝敢于去尝试，在她的潜意识里，在她的生命中仿佛有一个神在默默地引导她、支持她，让她去实现自己的理想。荷芝是有自信的，想好了就去做，如果优柔寡断就什么也干不成。对荷芝来说，成功与失败在此一举。确实，如果没有魄力、没有自信，荷芝是不敢贷这笔款子的啊！

有了这笔资金，荷芝添置了包括爵士鼓在内的许多器乐以及各种道具，还增加了演出人员，算起来将近三十个人。她不仅培训她们各类舞蹈表演（在演出魔术时或配以舞蹈），还特意选了几个助手进行魔术表演方面的专业培训。不久以后，一个由小魔艺团蜕变而来的较大型的歌舞魔术团诞生了。结果，她们成为舟山地区的第一支自负盈亏、自主经营、自愿结合的演艺团

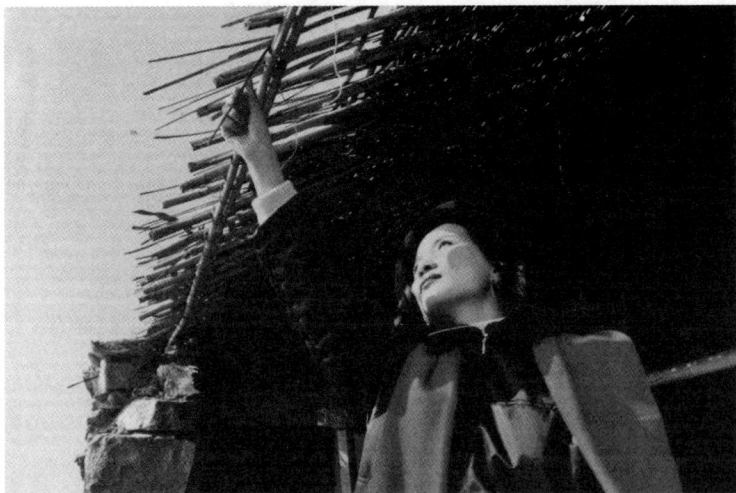

体，这在当时非常轰动，引起了有关方面和媒体的关注和期待，许多媒体纷纷予以报道。舟山市定海区的有关部门为这个团队一路开绿灯，同时为他们地区有这样青春焕发、时尚向上的艺术团队而自豪。可以说，这在当时是很了不起的。对整个舟山来说也是新生事物，让人们觉得新奇。

魔术团成立后，天天有邀请函送到团里，各种演出频繁，深受人们欢迎，整个团队充满了青春的活力。

自然，荷芝是这支魔术团的年轻团长，也是当时整个舟山地区的最年轻的民营演艺团队的团长之一。随后的日子里，荷芝率领着这支魔术团队辗转浙江南北，所到之处均受到隆重的欢迎，每场演出均爆满，所演节目获得观众青睐和追捧，由此荷芝获得"东海小魔女"的雅号。

这一年秋天，她的魔术团从宁波演到余姚，节节胜利，当时余姚的龙山剧场演出票子已经卖出去500张，这是成功的信号，她的魔术表演已经获得了广大观众的追捧，许多观众从很远的地方赶来看她的魔术表演。演出结束时，有的观众还候着她求她签名……前景是那么的美好，荷芝一直担忧的债务也可以还清了，她很振奋，因为未来的一切比设想的还好。然而，此时此刻，让她揪心的事发生了，这是她没有意料到的。

十一、"远航"的父亲

　　那是上世纪八十年代末的一天，荷芝原同事洪国壮正在单位忙碌，突然接到了荷芝大哥的电话。大哥说他找不到荷芝了，家里要尽快找到荷芝，他们的父亲在定海的人民医院抢救，病危通知也出来了……洪先生二话没说，当即答应荷芝大哥一定找到他妹妹。

　　洪先生知道，此时此刻荷芝在宁波的余姚地区演出，可确切地点他也不知道，于是他联系了宁波演出公司的陆德康老师。陆老师告诉他荷芝的演出地点，他说演出公司安排荷芝的魔术团队去余姚龙山演出了。陆老师给了他龙山经理阿龙的电话号码。他又联系上阿龙，阿龙给了洪先生电信营业所的电话号码，说这营业所就在剧场附近，打通这个电话就可以找到荷芝。但是，当洪先生打过去时，电话没人接……那个时候中国的电信业太落后了，竟然没有值班的工作人员。洪先生陷入了沉思，他想他答应过荷芝大哥一定要找到荷芝的，君子一言驷马难追。于是他马上决定亲自去余姚龙山找荷芝，他向领导请假，当领导了解情况紧急，就同意他去余姚了。

　　洪先生马不停蹄地赶到余姚龙山找到荷芝。荷芝正在后台，听此消息，顿时吓得全身发凉、不知所措，几乎不能登台演出了。她向洪先生投去了感激的目光。此刻，洪先生自告奋勇地上台救场了，他表演的节目不仅救了场，还获得了观众的赞赏。

　　获悉父亲病重，荷芝心情一直处于焦虑之中，由于担心父亲的病情，就去镇电信局打电话询问。电话接通了，可当她获悉父亲已经驾鹤西去时，当即口吐鲜血，人当场就晕倒了。大家都吓坏了，不知该怎么办才好。这时陪荷芝去打电话的洪先生也傻了，觉得荷芝父亲走得真是太快了。

　　荷芝慢慢醒了过来。她知道，父亲驾着船去远航了。在她潜意识中，父亲早晚要驾船西去的，可她没想到竟然会这么快，

她感到难以接受的是，父亲没有享过一天福，当她刚刚好起来，可以享女儿福的时候却离去了。这是荷芝永远的痛。此刻，荷芝脸色苍白，情绪低落，心神不宁，很长时间才回过神来。

荷芝恢复平静后，即刻联系剧场，要求剧场把已经卖出去的票子退款给观众，同时就演出终止和对方交涉。人家用异样的目光看着她，但没办法，自己的父亲离去了，演出必须暂告一段落。自然，荷芝这样决定有许多人都不理解。为了去看父亲最后一眼，竟然取消演出合同，而且票子卖出去这么多，后面几场的演出也前景看好。这损失真是太大了……是不是可以演出结束再去料理父亲的后事呢？根据荷芝的性格，这是不可能的。此时此刻，她心急如焚，恨不得马上飞到父亲身边，好好送他一阵，以尽女儿的孝心。可那时交通真的很落后，急也没用。当她处理完演出事宜，到处找车子，几乎花了九牛二虎之力，总算找到一辆愿意送她去宁波去舟山码头的拖拉机。拖拉机破旧不堪，一路颠簸，又是雨夹雪的天气，路面坑坑洼洼，随时有翻车的危险，但荷芝顾不了那么多，催促司机快点再快点。这台老式拖拉机跌跌撞撞地赶到码头，竟然花了六个多小时！让她失望的是，当时摆渡船已经开走了，下一班要等到第二天上午才开，荷芝欲哭无泪，只能孤零零地在码头上捱过了漫长的一夜。荷芝几乎是冻了一夜，幸亏她体质好没有感冒，第二天才赶回长白岛蛟龙村的老家。

这期间，荷芝经济情况稍稍好了一些，早已经给父亲选购好了一件军大衣。这是上等的军大衣，准备给父亲过七十大寿的，由于荷芝在外演出，一直没时间送回去给父亲穿。其实她早已想好了，这次演出结束后就把大衣带回去为他过生日。荷芝很明白，父亲一辈子在海上风里来雨里去，多想有一件自己的军大衣啊！曾经说了无数次要买一件军大衣，就是因为买不起，所以这个小小的愿望一直没能实现。今天，如果他看见女儿为自己的生日送上一件军大衣，该是多么高兴啊！可是他已经不能感受到这份幸福了……荷芝是深深了解父亲的。此时此刻，她含泪捧着父亲的军大衣回去。父亲即将能享女儿福的时候，却因脑溢血倒在草屋内，尽管被及时送到医院抢救，但他再也没有醒来。这是荷芝永远的痛。现在，荷芝以最快的速度，赶到了父亲身边，可父亲已经去了另一个世界。荷芝面对没享过她一天福的父亲伤心不已，她悲痛欲绝，望着父亲的遗容，忧伤的情绪久久不能平复。这丧父的不幸来得太突然了啊……她永远都想不明白,父亲的命为什么就那么苦?一生在海上漂泊,每次出海都冒着风险,兢兢业业捕了一辈子的鱼……然而,一生却没有享过一天福。眼看可以享女儿的福了,他老人家却撒手西去……是的,她永远都想不明白啊,老天对父亲真是太刻薄了啊!此刻,她面对仙逝而去的父亲泣不成声,泪流满面,久久地啜泣着不愿离开。

然而,父亲在天之灵是明白的,女儿把他最最需要的军大衣给买来了,待他穿上它,就会感到全身暖和,不再受冻了啊!此时此刻他非常安详,他知道女儿已经来到他身旁,他可以安心地去了。

荷芝小心翼翼地为父亲穿上军大衣,默默地承受丧父之痛。

料理完父亲的后事,过了好长一段时间,荷芝才回到现实之中,才回到魔术中来。尽管当时荷芝在魔术界已经小有名气了,譬如《中国青年报》曾在头版报道了她的事迹,但她已经不满足局限于在浙江一带演出了,她有更大的理想和憧憬,她要去更远的地方演出。

十二、成立定海魔艺团

　　父亲的离去对她打击是巨大的，很长一段时间，荷芝沉浸在往事的回忆中。荷芝在日记中回顾她的人生，怀着忧郁的心情审视自己："我，不应该消沉下去，应该重新振作起来，是的，赶快回到我的魔术世界中去，只有这样才能化解我丧父的悲痛。我要重新开始……"

　　是的，荷芝将重新创造她的魔术世界，在更高的起点上。

　　此后，荷芝花了大量的精力和心血，又借贷了一笔款子，重新组建了定海魔术团。新组建的魔术团与以前不同，荷芝对魔术表演有了新的认识、新的想法。因为，她已经不满足于传统的魔术表演，它太简单、太常规，缺乏创

《星空来客》

意。总之，不能抓人眼球。她要有所创新，有所变革，有所探索，同时必须融入新的元素，她要把魔术这古老的表演艺术发挥得更出色、更赏心悦目，她认为魔术表演必须与时俱进，在不断创新中变出新花样来。

可以说，她对艺术的追求是大胆的，更是有魄力的。经过酝酿和策划，且反复推敲，重新整合，注入了新的生机，从而丰富了魔术表演艺术。很快，她的集魔术、舞蹈、幽默剧于一体的现代魔术诞生了，使这门既古老又年轻的魔术表演艺术更具表现力和感染力。

此后不久，荷芝的艺术团去上海松江的一家剧场演出，演出非常成功，几乎一票难求。许多在当地拍戏的影视工作人员也来看她的魔术表演。值得一提的是，当时荷芝遇上《杨乃武与小白菜》剧组也在那儿拍戏，荷芝认识了剧组的摄像师朱家骅和化妆师毛戈平。当两人发现荷芝在表演上有天赋、是个具有潜力的影视演员时，就极力希望她参加剧组，并推荐给导演，希望她饰演其中一个人物。荷芝心有所动，但考虑再三还是放弃了，因为她不会为了一时的兴趣而放弃魔术事业，更不希望撇下众多的小姐妹而离开自己的魔术团。在她看来，这是进入影视圈的最佳时机，因为他们是真心诚意邀请她的，而且她有信心有实力演好他们指派的角色，毕竟她当过越剧小生，当影视演员有基础。然而这一切的代价是，她必须解散好不容易组建起来的魔术团，这一点她接受不了，她怎么向跟自己出来打拼的小姐妹交代呢？最后她还是放弃了。但在她的心目中有了一个想法，即以后有机会她将进影视圈一试，看看自己在这方面究竟有多少能耐。

这段时间，荷芝每次上台演出均让观众着迷不已，给他们留下了深刻的印象。他们异口同声地说严荷芝的魔术表演五彩缤纷、扣人心弦，真是太好看了！这样演了一段时间，荷芝成了人见人爱的女魔术师。值得一提的是，当时由于她在上海的名气渐渐为人所知，约请她的大型活动主办单位日益多了起来，有时她应接不暇，忙得不亦乐乎。不过，当时荷芝的目标是能在上海这样的大城市举办专场演出。这对一个刚出道不久的魔术师来说，不是一件简单的事。可在她的不懈努力和追求下，条件终于

成熟了，上海的美琪大戏院安排了她的专场演出。一切准备就绪，演出的时间也已敲定，在五月的某一天，然而，出乎意料的事情发生了，在专场演出前的几天里，她团里的演员一个个提出了辞职请求，三十多个成熟演员，均是她培养起来的，最后仅剩下一个留下来。

荷芝欲哭无泪。她没有想到，她的魔术事业看起来一帆风顺，却暗藏了危机。由于荷芝比较关注的是魔术表演和舞台效果，对艺术精益求精，一丝不苟，心思全在排练和演出上，有些方面就无暇顾及。危机来自人事管理，这方面的工作她因精力有限比较忽略，譬如她没有发现，许多看起来贴心的演员竟然会不顾职业道德，在关键时刻说走就走。一切都出乎她的意料，对此她感到难以理解，怎么会是这样呢？她没有亏待她们啊！

其实，事情的突然发生是有原

因的，一切都早已在悄悄地进行之中。那就是在荷芝的团里，有人发动了一场变故，即他们策划好了要挖走她所有的成熟演员，另外组建一个新的演出团队……他们根本顾不上荷芝的感受，这是多缺德的做派啊……人心叵测，你善待人家，人家不一定会善待你。这有什么办法呢？这变故突然就爆发了，让荷芝措手不及，好像故意不让她去美琪大戏院演出似的。她完全被这颠覆性的突发事件搞糊涂了，在这样的打击之下，演出已经很难继续。

美好的愿望会破灭吗？不会的，事在人为。当荷芝失落时，她没有气馁，尽管眼角有泪痕，心中真想大哭一场，但她忍住了，强迫自己不哭出来。她还是找出原因，冷静面对，她明白，一切都会过去的。她深深地感到，这次能在美琪大戏院演出机会难得，她要抓住机会，一切必须重新来过。她要让他们看一看，没有他们这些人，她照样能上美琪大戏院演出！由此她克服了种种困难，居然在很短的时间内，重新招聘演员，临时培训她们，抢时间，以最快捷的速度排练出整台的魔术节目。为了能达到比较好的演出效果，她一遍又一遍地排练她们，自己几乎累垮了。终于能使这批新演员上台配合她表演了，努力没有白费，她感到值得。

这一天终于来临了，她激动无比，心怦怦地跳得很快，她明白，自己终于登上美琪大戏院的舞台了，这是她梦寐以求的啊！尽管她的团队勉强地完成了演出任务，尽管演出效果不佳，但毕竟是在大戏院正式演出了！

这就够了，因为在如此困难重重的情形下，这就是成功。

荷芝感到十分疲惫，一路走来是多么辛苦，却没人体谅她。多折磨人啊……但没办法，人生就是这样。

她百般努力，一切都希望做到最好，却难以摆脱迷惘和困惑。

她凭窗远眺，问夜空中的明月，今后的路该怎么走？

她凝望繁星，遥问天上的神灵，神灵似乎在鼓励她……

她紧锁的双眉慢慢舒展开来。她知道，她的人生就是一部大戏，结束了，又将有新的开始，一步步走向高潮，走向辉煌。于是，她有了新的想法。

其实，在美琪大戏院演出结束，她在舟山组建的舟山魔术团也就解散了。事后她才进一步了解到，之所以在美琪大戏院演出前夕，她的演员一个个走掉，是有人在暗中活动，把她团里成熟的舞蹈演员及魔术表演人员全都挖走了，这简直可以说是陷害……这些人员都是她从舟山招聘来的，花了大量心血和精力，经过专业培训磨练，好不容易能配合她上台演出了，却跟别人走了（或许是别的团队工资高一些），可事已如此，怪谁呢？真是世事险恶，人心难料……尽管走到绝路，但这一切都没难倒她，她有了新的计划和梦想，她将一如既往地向前迈进。

十三、从影之路

这段时间，荷芝渐入佳境的魔术团队自行解散了。重新组建谈何容易。然而，荷芝是一个停不下来的姑娘，她从小就梦想很多、憧憬很多，志向也很大，虽然已经成为一个小有成就的魔术师，她却并不满足于现状。她从小喜欢看电影的习惯到了青年时代仍未改变，她可以说是一个电影迷，到上世纪八十年代末已经看了不少优秀中外电影，如中国电影《天云山传奇》、《芙蓉镇》、越剧《红楼梦》、《霸王别姬》、《人·鬼·情》等，日本电影如《望乡》、《追捕》、《远山的呼唤》等，欧美电影如《叶塞尼娅》、《三十九级台阶》、《蝴蝶梦》、《巴黎圣母院》等，印度电影《大篷车》、《奴里》、《流浪者》等等，这些佳片几乎都给她留下了深刻

▲ 严荷芝与上影资深导演卢萍合影。

的影响,久久不能忘怀。多年来,荷芝曾一度有当一名影视演员的愿望。可是,已经成为魔术师的严荷芝怎样才能踏进影视圈呢?魔术团解散后,她自然想起了当时在松江地区演出时遇上《杨乃武与小白菜》剧组的情形,荷芝有点后悔的是,当时自己没有主动要他们的联系方式。怎么才能找到他们呢?

其实当时荷芝不认识影视圈中的任何人,可以说,她是凭自己的实力进入影视圈的女孩之一。她目标明确,理想高远,并下定了决心,即她人生道路上作出了重大决定,这决定已经缠绕在她脑海中好多年了。是的,那段时间,荷芝已经在上海租下了一间简陋的小房间,为了能圆自己的明星梦,她有空就往上影厂跑,还到导演宿舍楼去寻找机会,她知道,机会是要靠自己去找的。她明白,"一切皆有可能",关键你要敢想敢做敢尝试。当时,她仅二十出头,没人告诉她该怎么做,也没人告诉她怎么才能当一名影视演员,但她潜意识中知道自己应该争取主动,应该靠自己的力量去努力争取。

天上不会掉馅饼。荷芝深有感悟,一切机会都要靠自己去获得。由此,她常常在上影厂周边的路上徘徊,那是上世纪八十年代末,一个寻梦者来到这儿等待机会。一天又一天,她执著地期待这一天。

工夫不负有心人。这一天终于来临了: 荷芝在徐家汇天钥桥路上走着,终于遇上了导演成家骥。当时成导演发现荷芝清纯靓丽、气质不俗,便主动上前向荷芝提问,荷芝大大方方回答成导的所有问题，且爽直地说出了自己的想法。没想成导演当即认定，荷芝就是他要找的演员！确实，当时成家骥就在为一部戏找演员，此刻他见到了荷芝，就认为荷芝具有可塑性，是一个极具表现力的有广阔前途的女孩……当即面试就成功了，随后的一个月，荷芝跟成家骥导演去安徽拍戏，饰演《青春门》中的一个纺织女工。尽管荷芝第一次当电影演员，但在成导演的耐心指导下，荷芝很快就进入了角色，在正式拍摄时，她演的纺织女工惟妙惟肖，深得成导演认可赞赏。

电影拍摄成功，在一次联欢会上，荷芝又唱又跳，还当场演起了魔术。荷芝的一系列表演轰动全场，记者们把她当成影片中的女主角了，有的还要求她签名，有个别记者竟然把她当成影视明星何晴来追捧，让荷芝啼笑皆非……然而，荷芝很谦虚，很低调，她明白自己还刚起步，还没真正踏入影视圈，她必须进一步努力，她要靠自己的实力、靠自己的刻苦而真正进入影视圈。

这个时候，她认识了卢萍导演（卢萍是上影厂的资深导演，

执导过许多佳作，如《小小得月搂》、《阿福哥的桃花运》等），
两人一交流，卢萍认为荷芝不仅人长得清秀，且有表演天赋，建
议她进一步寻找合作机会，还说会将她推荐给其他导演……荷
芝激动不已，深感卢萍导演对自己的关心和帮助。恰逢某剧组
正在招收演员，卢萍建议她去试试，荷芝觉得这是一次难得的机
会，她必须抓住。如果成功，这对她以后的人生道路和正式进入
影视圈是十分有帮助的……由此，从没想过自己能轻易进入影
视圈的她，在人生道路上突然出现了一片新天地，这让她振奋，
让她期待，让她憧憬……她多想在这一领域闯出一条路来啊！
可一切都是未知的。当然，机会来了，就应该紧紧抓住它，全身

▲ 严荷芝（2排左2）与国际影星成龙（1排左3）黄日华（1排左2）在
拍摄现场。

心地投入，不管结果怎么样，去闯一闯总不会错，这是毫无疑问的，许多人想进也进不了。在卢萍导演由衷的鼓励下，荷芝暂时放下做一个魔术师的梦想，毫无顾忌地闯进了影视圈，开始走上了从影之路。

这一段演艺生涯时间并不长，但对荷芝来说，从舞台走上银屏却并不简单。导演一般对角色的要求都非常严格，对演员的表演也十分挑剔，要把戏拍好，就希望每个演员都能演好自己饰演的人物。初入影视圈的严荷芝慢慢地就懂得了导演的意图。是的，要把握好每次机会，就得演好人物，所以每当有了新角色，她就兢兢业业不敢懈怠，在表演上精益求精。她明白，如果稍稍松懈就会被淘汰出局，所以荷芝在每一部戏的拍摄过程中都非常努力，对人物的性格特征以及导演的想法深入钻研，每次出演几乎废寝忘食，尽管有的片子她的戏份不多，但她始终保持一种良好的激情和心态，空闲时反复研究剧中人物和每个细节的表演要求，直至对所演人物胸有成竹，达到最佳的表演效果……由此每部她参演的片子都深受制片人和导演的器重与赞赏。结果可以想象，尽管她入影视圈时间不长，但她的片约不断，一段时间开始在《青春门》、《上海滩的大小姐》、《佛光侠影》、《阿福哥的桃花运》等多部影视剧中担任重要角色。

在影视圈摸爬滚打时间一长，荷芝几乎无暇顾及魔术了，她的精力全用在影视表演上，她发现这一门学问很深奥，不仅需要表演天赋，而且需要刻苦探索，更需要有创造力。确实，要成为明星，就要演好每个角色，而演好每个角色不是一朝一夕能够成功的，这需要积累和学习。不过，荷芝是有悟性有天赋的，在电影《青春门》中，她演的纺织女工蓝萱贴切而神似。尽管是一般角色，但她还是根据导演的要求用足了功夫。拍摄前她还专门去纺织厂体验生活，最后她以本色的表演完成了这一角色的塑造，获得了同仁们的认可。这确实不容易，该片拍摄成功后，她饰演的人物获得了好评。

在电视剧《上海滩大小姐》中，荷芝扮演的大小姐贴身丫鬟小珍也很到位。这是主配角，对荷芝来说有一定难度，但荷芝非常用功，她反复阅读剧本，推敲所演角色，在拍摄前，自己对着镜子反复练习，直至每个细节都表现得恰到好处、得体完美、无懈可击为止。电视剧开拍后，凡是有自己的戏，她都做到天衣无缝，简直把丫鬟小珍演活了！当时的影视界对她的表演评价不错，难怪她的片约不断，几乎忙不过来了。

此后不久，她又在《佛光侠影》中演女侠客欧阳美珠，着实让她过了一把侠客瘾。在《阿福哥的桃花运》中扮演房管所的小会计江燕萍，这部片子她的戏份更重了，难度也更高了，但她确实让演对手戏的阿福哥满意，更让导演满意，影片拍摄结束后，导演卢萍赞叹不已。在新闻发布会上，卢萍忍不住对记者说："演小会计的是一名渔家姑娘严荷芝，她的表演虽然本色，但非常到位，她的经历本身也是一部好戏啊……"这话说得对，当

即荷芝就引起了记者们的关注，有的记者还当场采访了她，为她写了报道。

如果是别人，可能会一路走下去，可以说，当影视演员在当时是最好的出路之一。因为最关键的是她片约不断，好评如潮，在影视圈已经有了良好的声誉。而且她饰演的人物都是举足轻重、不是随便挑一个演员来演就行的，重要的是她能把角色演得惟妙惟肖，许多她塑造的人物让同行们非常认可，这对一个刚进入影视圈不久的女孩子来说，是非常不容易的。正由于这一点，她的机会就越来越多，她很自信，相信总有一天自己能在一部影视剧中饰演主角。然而，尽管荷芝在影视圈一帆风顺，前途光明，但自从进入影视圈，她从未满足过，她觉得自己的表演还是太稚嫩，许多方面不是很到位，尤其是语言方面，原本唱越剧出身的她普通话方面还是有一定问题。这当然并不重要，香港许多明星，甚至天王巨星，其中哪一个普通话是标准的？可是他

们都获得了影迷们甚至专家的认可,其实她对自己的艺术要求太高了。这正是她的性格,要么不做,要做就做到最好。

在卢萍导演的建议和支持下,她考入上海戏剧学院表演系深造,和如今的一线明星(如宁静等)成为同班同学。对她来说,这段求学经历太重要了!此后一年中,她的全部时间都投入到学习中去,像海绵一样吸取戏剧知识,时间虽然只有一年而已,可学到的东西非常之多。应该说,从戏剧学院学到的知识,对她以后的舞台生涯有着巨大影响。

学习期间,她刻苦努力,常常举一反三,成为学院里最用功、

▲ 在上海戏剧学院学习期间与班主任舒蓉(2排左3)表演老师魏淑娴(2排左2)舞蹈老师李莉(1排)等师生合影。

进步最快的学生之一。她不仅学到了许多表演上的基本功，在语言上也有所提高，同时在求学期间，她不再说那种乡音很重的普通话了。荷芝的努力没有白费，有一次期中考试，老师要求每个同学背一叠拗口的菜单，这是非常枯燥难背的东西，那晚天气很冷，而且又下起了大雪，荷芝来到雪地上练习，她告诫自己，一定得用标准的普通话背出来，如果不背出来，就一直站在雪地里冻着，这是她自己罚自己。是的，她的决心和毅力感动了上天。就这样，荷芝一遍又一遍地背着，全身几乎麻木了……终于她把菜谱熟练而流畅地背了出来，她对自己才稍稍感到满意，身体冻僵了也浑然不知。第二天考试，荷芝终于一字不漏地把菜谱背了出来……当时，师生们用惊叹的目光看着她，显然他们很钦佩她。她舒了一口气，紧张的情绪这才放松了下来。

还有一次是在期末考试的时候，老师帮她设计了一出很少有语言对话的小品。她根据老师的建议，结合自己的创意重新

编排，融进了自己的魔术表演，结果演出成绩优异，获得巨大成功。这真是奇迹，这则小品引起全校表演系的轰动，许多同学纷纷表示要跟她学魔术……这是许多年以前的事了，至今荷芝回想起来记忆犹新、历历在目。

在上海戏剧学院进修后，荷芝的知识面更宽广了，从俄罗斯的斯坦尼斯拉夫斯基表演体系到德国的戏剧理论家布莱希特表演理论，从莎士比亚的四大悲剧到莫里哀的著名喜剧等等，她都如饥似渴地学习，感受消化，渐渐地形成了自己的艺术表演理念。她清楚，这些必要的学习，对她今后的魔术表演是有用的。荷芝曾去图书馆借阅了斯坦尼斯拉夫斯基的《演员自我修养》一书，她深深感觉到这部大书的魅力，对斯坦尼斯拉夫斯基提出的以"形体动作方法"丰富内心体验为核心的戏剧表演理论比

▼ 严荷芝与国际著名影星成龙在拍摄现场。

▼ 严荷芝与国际著名导演刘家良在拍摄现场。

较赞同。其实以"体验基础上的再体现"为基本内容的斯坦尼斯拉夫斯基体系是俄国现实主义戏剧体系的主要代表,这一体系对包括现代中国戏剧艺术在内的20世纪世界现实主义戏剧运动产生了巨大的影响。荷芝在接受斯坦尼斯拉夫斯基基本观点的同时,也比较系统地学习了布莱希特表演理论,对布莱希特的"间离方法"感到很新奇。在她看来,表演可以通过"陌生化方法"进行开始有点不理解,这跟斯坦尼斯拉夫斯基的观点完全不同,这两种表演方法,荷芝琢磨了很多日子。一段时间里,荷芝把这两大体系做了认真的比较,她认为两大观点都有自己的长处,这两种戏剧理论体系尽管提出的表演方法不一样,实际上都对世界戏剧界产生了深远影响,它们也是演剧方面的美学概念。尤其是布莱希特的表演理论,它的基本含义是利用艺术方法把平常的事物变得不平常,揭示事物的因果关系,暴露事物的矛盾性质,使人们认识改变现实的可能性。但就表演方法而言,"间离方法"要求演员与角色保持一定的距离,不要把二者融合为一,作为一个演员,他(她)必须能够高于角色、驾驭角色、表现角色,只有这样才能把角色演好。

荷芝知道,布莱希特的戏剧理论对世界戏剧发生了重大影响,而她自己在接受角色的过程中,也不同程度受了它的影响。应该说,这个学派在它的形成过程中,一方面继承和改良欧洲及德国的现实主义传统,另一方面也借鉴了东方的表演艺术,特别是日本古典戏剧和中国古代戏曲(尤其是京剧和昆剧)中的精华。布莱希特曾对中国古代经典戏剧给予高度评价。让人难以理解的是，他同时对斯坦尼斯拉夫斯基体系也持肯定态度，曾多次谈论这个体系对当代现实主义表演艺术所做的贡献……荷芝认为，作为一个影视演员，必须了解掌握这方面的系统知识，这样才能深刻理解导演对角色的要求，从而进一步演好角色。总之，荷芝在短短的学习时间里，掌握的知识非常惊人，以优异的成绩从上戏结业后，她如虎添翼、信心百倍，对表演有了进一步的认识和提高。

不久，她的机会又来了。对荷芝来说，这是值得庆幸的。这天，导演自己找上门来，希望荷芝参加电影《卧底》剧组。导演希望她饰演的是剧中重要人物金小姐。这是荷芝没有想到的，但她还是答应了。她有点激动，也有点心境凌乱。毕竟这是一个重要角色，还是一个非常难演的角色，如果演不好怎么办？这是要砸牌子的啊！所以，既然答应了，就要演好这个人物，她暗暗下了决心。

金小姐身份复杂，一会儿是革命党人，一会儿又是江湖艺人，一会儿是女杀手，一会儿又是阔小姐。导演对这个角色要求很高，要求荷芝必须按照人物身份的变化进行表演，而且要求她创造性地发挥，把这个复杂人物演活演好……确实，在一部电影中，人物身份的变化如此频繁是少见的。对一个演员来说，演啥像啥不是一件容易的事。然而，荷芝没被金小姐的复杂身份所难倒，由于经过上戏的深造，她表演起来就不是很吃力，在熟读剧本、彻底了解这个人物的性格特征和情节走向后，就胸有成竹了。她总是在拍摄前自己对着镜子悄悄练习，感悟角色的内心世界和场景变换时的情绪波动，做足了功课再等待上场拍摄，由于她对金小姐这个人物下的工夫比较多，在拍摄前就对导演的意图心领神会，对人物的音容笑貌甚至每个细小的动作做得贴近完美，且有创造性的发挥，从而在拍摄时非常从容，一次次受到了导演的赞赏。经过刻苦的钻研，她的表演能力和综合素质突飞猛进。《卧底》这部电影，尽管她出演的角色身份多变且有一定难度，但她演得非常出色，令人难忘。由此，她的敬业精神和刻苦向上的人格力量感动了导演，导演希望她出演下一部影片。

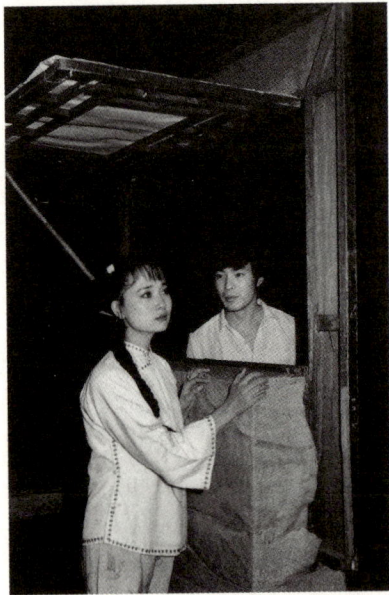

▲ 在上戏毕业时曾饰演《雷雨》鸣凤一角。

这时，荷芝在影视圈渐入佳境，她的表演天赋也为人所知。后一部电影的片约提上了日程，然而，荷芝还是放不下她的魔术事业，放不下对魔术的追求，在即将成为一个影视新星时，她还是回到魔术中来了。确

实，她对魔术是如此执著，竟然在离明星一步之遥时放弃了，许多朋友为之叹惜、感慨。这是天意，也是她的命。因为她是为魔术而生、为魔术而活，魔术是她的生命。

　　几年后，有人有感于严荷芝不同寻常的事迹，为她写了以她为原型的12集电视剧本《走近太阳》。该剧本以荷芝的事迹为依据，表现了她从一个渔家姑娘如何外出学艺和艰苦创业的人生历程，剧本的感染力非常强，看了让人震撼，然而那家投资公司因为生意和市场不景气等问题，结果没有能力拍成这部电视剧。此后有人建议,可以改成上下集的电视电影,这样投资就小得多,名字直接改成《东海小魔女》,经过反复论证,终于投资拍摄了这部片子。荷芝出演了女主人翁渔家姑娘,在一位香港导演的指导下,她演起来得心应手,因为都是她亲身经历过的故事。由此,一个渔家姑娘如何成为一名魔术师的艰辛历程呈现在了银屏上,这部电视电影曾在全国各地电视台播映,感染了许多观众,广受好评。

电视电影

东海小魔女

一段魔术舞台的幕边春秋

主演:严荷芝

出品人:邓光辉 扬玉冰 达奇
艺术监制:江平

香港鹰制作影视公司(电视电影DVD)

十四、七年是漫长的

　　当荷芝的魔术事业蓬勃发展之际，她的情感世界还是一片空白。自从那次初恋失败后，这几年她很少想到情感方面的问题。可是你自己不考虑，终有热心人会替你着想。

　　当时有人给她推荐了一位出色的男士贾晓景（化名）。他是高干子弟，家庭背景好，他自己还是公务员，有文化有修养有气质且一表人才。那天贾晓景一见到荷芝，当即被荷芝的美貌震住而神魂颠倒了。在他眼里，荷芝是个国色天香、魅力四射的姑娘，他这辈子还从没见过如此美貌娴静的女孩呢！对他来说，几乎是对荷芝一见倾心，看一眼就钟情于她了……而在荷芝眼中，贾晓景也不错，比较符合她的心意，她认为，跟这个男士可以进一步发展。自然，贾晓景是非常主动的，尽管忙，但他还是每天打几个电话问候她，一有空就请荷芝出去喝咖啡，隔三差五地来看她，在他们初次见面后的一些日子里，两人经常见面畅谈，荷芝对他渐渐了解了，也读懂了他热情的眼神。不久，两人的距离接近了，终于荡漾起爱的心曲。

　　当时贾晓景正待出国留学，签证即将下来。但为了荷芝，他不知该怎么办才好。他时常宽慰她，有时则默默地凝视她。从内心深处来说，他是不想离开荷芝出门远行的。他感到困惑的是，当他已经离不开她时，命运却坚持让他做出选择……如果这一切没有发生，也就是说他没有机会出国留学，这就好了，可是一切就是这样发生了，在出国前，他认识了荷芝，这该怎么办呢？

贾晓景心中是非常矛盾的。他没认识荷芝前就已经在办理留学签证了，如果知道会认识荷芝，跟她有缘分，跟她会成为恋人，他也许就不去办理什么留学签证了。如今签证下来，他确实感到左右为难，他要问问荷芝，是不是同意他去国外留学。他想，如果荷芝反对他出国，他可以考虑放弃，当时他就是这么想的。可是，一个人的想法是会改变的啊！

这天，贾晓景约荷芝出来见面。两人在一家咖啡馆坐了下来。在朦胧的灯光下，贾晓景从人生理想到对荷芝的爱慕之情，情真意切地向荷芝倾诉，此时此刻，他一直在宽慰她，因为接下来他要摊牌了。

她望着他，双眸沉浸在喜悦中。他侃侃而谈自己的憧憬、自己的美好心愿，可以说他对荷芝袒露无遗……荷芝感觉到了，那是一种初恋的感觉，她沐浴在爱的甘露之中……是的，对荷芝来说，那个夜晚是如此美好，让人如此心旷神怡。这种感觉，荷芝还是第一次体验到……夜已经很深了。然而，贾晓景对荷芝依依不舍，此时此刻，他觉得再不说就没有机会了，最后他把自己即将出国留学的事说了出来，他说只要她提出别去国外留学了，留在上海发展，他就留下了，不再离开她。随后他试图宽慰她，但见荷芝的神情渐渐变了，心中就感到十分难受。

这消息对荷芝来说颇感意外，她的感情全部投入了，眼前的人却要离开自己去国外留学，这一切她都没料到，贾晓景把这个难题抛给她，她感到很为难，这是两难的事，让她定夺是有点过

分的。毕竟他们还没有结婚，两人关系还在朋友阶段，而当她发现贾晓景虽然如此说，内心深处还是希望去国外留学时，荷芝觉得应该为对方考虑，尤其是在人生道路上要作出重大选择的关键之时。当然，最好能使爱情事业两不误，于是她就把自己的想法谈了出来，说去国外留学机会不多，失去这次机会，恐怕以后再也没有了，事业也是重要的，希望他慎重考虑，不要为了儿女情长耽搁了自己的前途……贾晓景觉得荷芝非常善解人意，也顾全大局，由此感到非常欣慰，但分手还是让他觉得很伤感。

贾晓景深情地告诉荷芝，他很快就会回来的，他会爱她一辈子的……并答应荷芝说，他会给她写信的，也希望荷芝给他写信，并叮嘱她说，一定要等他留学回来，他回来后就跟她举办婚礼……（当时追求荷芝的优秀男士很多，都由于贾晓景的原因被她放弃了）荷芝见他含情脉脉地望着自己，还说得铿锵有力如此恳切，就答应等他回来跟他结婚。

分手让荷芝觉得非常忧伤，因为她对他是付出真心的。如今他出国远去，思念之情油然而生。这是在上世纪九十年代初期，她第一次真正恋爱，对象是一个有志青年，是一个有追求有事业心的优秀男士，那个时候还没有流行QQ、发E-mail，或者可以上网聊天，发信息，手机也还没普及，两人联系不是通电话（那是国际长途，非得到规定的地方去打不可，很麻烦）就是写信。自然，他们选择了写信，这一写就是七年，信叠起来足有半人那么高。这其间贾晓景回来过一次，从国外回来的一段时间里，他

跟荷芝经常在一起。他竟然没有主动提到他们俩该什么时候结婚。然而这个问题是不可回避的,贾晓景说等到他下次回来吧,下次回来就有时间跟她结婚了。荷芝自然是相信他的话的,他说得非常诚恳,为什么不相信他呢?!

随后的岁月纷至沓来。这段时间,荷芝恰好在拍戏,其中有许多优秀男士追求她,都因为贾晓景的原因,被她挡了回去。她有时保持沉默,有时说自己有男朋友了,她的男朋友在国外留学,回来就跟她结婚。而事实也正是如此……追求她的男士们都相信了她,都非常遗憾地知难而退了。

荷芝慢慢地感觉到,她跟贾晓景的爱情是非常短暂的,在异国的男友犹如遥远的梦,缥缈如云,可望而不可及。而在跟他通信时,爱的余音却缭绕左右,挥之不去。由此,她还是默默地在等他回来,期待他有朝一日能娶她。于是,她还是耐心而执著地在等他回来。有一次他在信中说,他很快就会回来,可一等就是七年,七年是漫长的。

七年后,她朝思暮想的贾晓景终于又一次回来了,可是让她难以想象的是,他还是不提跟她结婚的事,他告诉她自己要到另外一个国家去(移民),他要在那儿定居下来,他们就永远做朋友吧。

永远做朋友?她震惊不已,很长时间无法平静下来。她似乎已经预料有这一天,但她不信,还是想问问他,如此善变,这究竟为什么呢?

她问，为什么，竟然会是这样的结局？

没有什么，生活就是这样。他徒然地寻找原因，却不具说服力。

你应该早告诉我。这样，对大家都好。她喃喃地说。

可是，我说不出口。我对你还是一往情深。我在遥远的国外也思念你！这是真的。

那为什么要这样呢？是不是有了别的女人？

他沉默了，半晌说不出话来。

也许这是真的，一切都无法挽回，她想。于是，她慢慢地把戒指退了下来，放桌上。

爱的信物现在成了无用之物，她把它还给了他。

他依然默不作声。

还用解释吗？一切是那么的明了。

她的双眸凝视着他，希望他说些什么。

还是沉默不语，时间仿佛静止了。

荷芝思绪万千，但此刻她说不出一句话。

突然,他开口了。他还是做了解释。多无聊的解释啊,最后他说,是的,这一切都是他的错,是他耽误了她。

没有悬念,没有铺垫,一切就这么简单。海誓山盟有什么用?现实才是最关键的。听贾晓景如此说,荷芝的心碎了。她真的难以相信,这一切都不是她意料之中的。竟然这是事实,竟然就这样发生了……怎么会是这样呢?从来没想到贾晓景竟然是这个样子的人啊,她足足等了他七年,耽搁了七年时间,如果当时他不一口答应要娶她的话,她会痴情地等他吗?如果她不执著地等他,她的情况又会怎样呢?她可能已经结婚了,有了孩子也是有可能的啊!

情感上的事确实难以把握,对每个人来说都是这样。但对荷芝来说,有点不可思议的是,她浪费了七年时间,这一切竟然出乎她的意料。她没想到结果会是这样,这太不可思议了,此时此刻,她欲哭无泪……在苦等了七年之后的最后一次见面时,他竟然告诉她,他要办理移民,要去另外一个国家……却闭口不谈结婚的事……这不是太残酷了吗?这不是耽误她的青春吗?毕竟他对她有过誓言,这一封封写给她的信,这一段段热情洋溢的表白,就是最好的证明……扪心自问,这一路走来,自己有什么地方得罪他吗?有什么地方对不起他吗?没有!实在想不起有什么地方得罪他啊……既然如此,为什么就这样不了了之?这么多年的感情如同儿戏,这是谁的过错?尽管他已经承认这是他的错,但她仍然想不明白啊……

　　然而,时间是可以疗伤的,随着年龄的增长,她有点想明白了,当时她太年轻太痴情,对情感问题太无知了,异国之恋也确实太难了,毕竟恋爱不能靠纸上谈兵。再说,人也是会变的呀!难道跟贾晓景结婚就一定幸福吗?那绝对是不一定的啊!或许贾晓景是对的,他们只能做朋友,做夫妻太累了,毕竟他们是两条道上的人。兴趣、爱好、事业等差异太大了……是的,就无须挽救这期待已久的婚姻了,那就顺其自然吧。一切都是天意,天意不可违。通了七年信,七年的时间太漫长了,然而却不了了之,这是一段什么样的感情啊?这段感情经历还值得回忆吗?对荷芝来说,往事不堪回首。多少次荷芝回想此段经历就陷入了久久的沉默之中,是的,都过去了,已经结束了。该向前看了,她相信,跨过去前面又是一片灿烂的艳阳天……

十五、虹影魔幻艺术团的诞生

荷芝认为,人生道路上的每一次经历对她一生都有影响,包括恋爱经历,尽管她的恋爱是失败的。然而,让她难以忘怀的是前段时间在影视圈里的磨炼,那是一种不可多得的人生体验,她感悟到很多,也学到很多。对她来说,这段经历更有意义、更有价值。

是的,尽管有表演天赋,尽管在影视圈已经有了一定的知名度,且片约不断,但荷芝还是对魔术情有独钟,不愿放弃。这是她的人生,这是她的生命,只有魔术,才是她一生的追求和目标。

经过一段时间的沉淀和等待,并积极筹划准备,她终于认识到自己重新办团的条件成熟了。于是荷芝忍不住给她的舟山老乡陈建铭先生(上海三盛宏业集团董事长)写了一封诚恳的信,述说她的人生理想和目标,以及重新组建魔术团的愿望和信心。信中的语言

朴实无华，却恳切感人，句句打动陈建铭董事长。陈建铭认为严荷芝有理想有抱负，不是徒有虚名的魔术师，而是一个踏踏实实、认认真真做事业的人，应该说严荷芝是舟山人的骄傲……作为同乡，作为一个艺术爱好者，他是看着她一步一步成长起来的，如今离成功仅一步之遥，怎么可以熟视无睹呢？他应该支持她才对呀！于是他毫不犹豫地向严荷芝提供了经济支持。荷芝在他的鼎力帮助下，一家民营性质的上海虹影魔幻艺术团诞生了。

虹影魔幻艺术团成立之初，就开始在社会上招聘演艺人才，所招人员均经过精心挑选，慎重录取。这些被录取的演员，大都是来自各大艺术院校的毕业生和艺术新人，具有较好的气质和表演能力。此后的一段时间内，荷芝为了打造一支现代而具有竞争力的魔术团队，她反复构思、精心策划，拟定了虹影魔幻艺术团的发展思路，譬如团内设置了演艺中心、舞蹈队、杂技队、魔术研究室等，各部门均有专人负责。在管理上也上了台阶，有专门人员负责人事财务等等。

剧团成立后就开始培训新进的演员，尤其是舞蹈，荷芝花了很多时间，还请了专业舞蹈老师来为其编舞。在排练过程中，不断改进节目的观赏性和趣味性，同时还增强了节目的连贯性和节奏感。应该说，当时虹影魔幻艺术团的演出起点非常高，具有强烈的现代气息和艺术氛围，她们的演出集魔术、歌舞、杂技等多种形式，使得节目的观赏性和审美感非常强。在不断的演出和探索中，逐渐形成了一整套极具创新性、时代感、现代演出风格的，既独特又迷人、受观众青睐追捧的

魔术大餐,由此成功地打开了演出市场。

　　此后的几年中,荷芝的团队一如她策划设计好的蓝图发展着。团队不仅在魔术界有了良好的声誉,在演出市场上也有了极好的信誉,已经成了一个著名的民营文艺团体,多次受到有关部门的嘉奖和表彰。正当荷芝的事业蒸蒸日上之际,这年秋季,

荷芝专程邀请了台湾著名编导董成莹、著名道具设计师李霄飞，
共同策划了一台由她领衔主演、题名为《魔幻艳彩》的大型魔术
歌舞晚会。那是 2003 年的 10 月 11 日晚，这个时间对虹影魔幻
艺术团来说，是有纪念意义的。在上海繁华的市中心美琪大戏
院，举行了轰动上海滩的公演。应该说，当时全国上百家魔术团

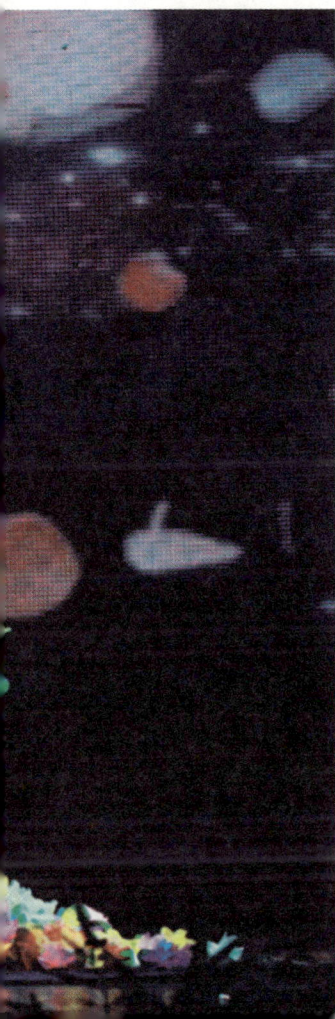

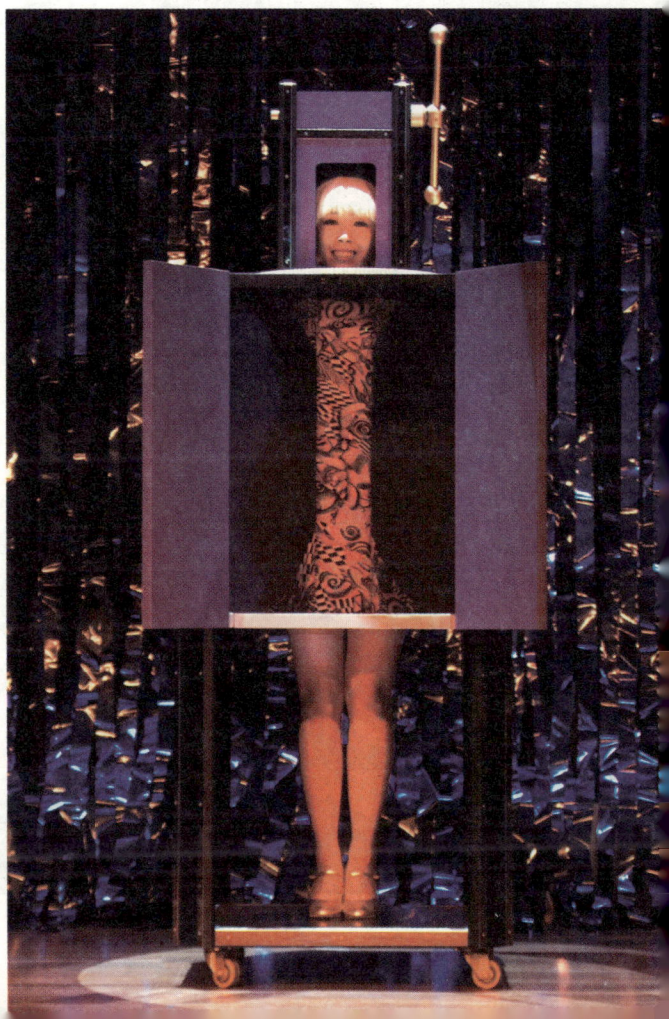

队，演出的节目和场地几乎很少达到这个层次，由此虹影魔幻艺术团的知名度更高了。

这台以魔术为主题的晚会分为六个部分，其中每个部分表现一个独立的情景主题：第一部分题为"虹影女神"，在绚丽华美的音乐声中，魔盆吐出耀眼的火焰，魔术师瞬即从烈火中耸立，在优美的群舞中揭开第一篇章；第二部分称为"水乡渔歌"，江南水乡，渔家女手执花伞和彩扇翩翩起舞，魔术师在渔家女中隐现，双手飞舞，朵朵鲜花纷纷散落。魔术师手执渔竿，左右挥动，在舞台中央钓出上下翻动的活鱼来，这绝妙的构思顿时轰动了全场；第三部分为"魔宫传奇"，在光怪陆离、五彩缤纷的舞台上，魔术师以阿拉伯女祭师造型出现，演绎了一个死而复生的故事，让人惊叹不已；第四部分则为"星外来客"，身着太空服的外星人在闪烁的灯光中跳着奇异的舞蹈，这时，魔术师在一太空玻璃箱子上揭纱而起，美艳的太空女郎神秘降临；第五部分更是运用中国古代神魔小说《封神榜》的著名情节——妲己戏纣王，身首分离、贵妃升天消失等充满魔幻色彩的场景，令观众在如痴如醉中感受美轮美奂的魔技艺术高潮。

首演取得了巨大的成功。这跟多年前在这儿的一次演出不能同日而语。演出结束后，所有的演职人员都向晚会的总导演董成莹致敬，向设计师李霄飞鼓掌，因为她们都没料到，经过她的策划和编排，以及李老师精致的道具设计，使整个演出的效果竟然如此出彩，观众竟然如此喜欢，几乎为这台节目而疯狂。这场演出，对荷芝的魔艺团来说真是太重要、太及时了。确实，这是虹影魔幻艺术团走向辉煌的起点。当时她就为自己的魔艺团定位了，即她要搞大型魔术，在舞台上，只有大型魔术才让她过瘾。

此后不久，虹影魔幻艺术团的《魔幻艳彩》又移师上海大剧院和兰馨大剧院演出，竟然出现了一票难求的现象。200多元一张的票子，黄牛硬是以一张1 000元的高价退给了在大剧院门口等退票的两个老外。可想而知，当时演出是何等的火爆和辉煌。第二年，荷芝带着她的虹影魔幻艺术团和《魔幻艳彩》节目，巡演了英、法、德等欧洲十国，让欧洲观众领略了中国女魔术师的风采和魅力。

十六、中国的"女大卫"

    目标既定，荷芝开始从表演大型魔术上用功夫，无论在道具制作，还是台上的表演，都精益求精不断提升，形成自己的品牌和特色，从而成为一个具有个人独特风格的魔术师。

    荷芝的努力和刻苦收到了成效。2005年秋，全国综合治理大会在杭州香格里拉大酒店举行，在选择文娱节目时，有人想到了严荷芝的虹影魔幻艺术团。因为严荷芝的魔术当时已经很有

名气，一般全年演出计划几乎排
满。而那段时间荷芝恰好有几
天空档，她就答应去杭州为中央
领导罗干同志、时任浙江省省
委书记的习近平同志等与会领
导表演。当荷芝表演大型魔术
"大变活人"和"刀箱"时，全场
掌声不绝于耳。当时浙江省政
法委书记夏宝龙看后拍案叫绝，
称荷芝是中国的"女大卫"。演
出结束后，荷芝受到了中央领
导的亲切接见和嘉勉，而当时
她的"女大卫"也被人叫开了，
这更增强了她追求大型魔术艺
术的雄心和信心。确实，称严
荷芝为中国的女大卫，这不是
随便乱叫的。大卫是谁？他的全名为大卫·科波菲尔（David
Copperfield），是美国家喻户晓的魔术大师，多年前曾到中国来
演出过，他的表演深受欢迎。他表演的大都是巨型魔术，令人震
撼，奇妙无比，所以中国观众对他留下深刻印象。事实上，按照
魔术的道具和规模，可以分为巨型魔术、中型魔术和小型魔术。
像台湾刘谦表演的大都是小型魔术，这种魔术适合近距离表演，

远了看不清。而荷芝当时在杭州香格里拉大酒店表演的，是比较接近于大卫的巨型魔术，也就因为这个原因，所以有人称她为中国的女大卫了。

谈到魔术的分类，有多种分法，譬如按照演出场地可分为舞台魔术、宴会魔术、街头魔术（也称为近景魔术）等，又如按照魔术的专题可分为硬币魔术、扑克魔术、逃脱魔术、绳索魔术、小动物魔术、心灵魔术、球形魔术等等。

举个例子，几年前，美国魔术师布雷丹尼斯来上海大舞台演出时，有人请严荷芝去跟他交流魔术技艺。在切磋球的表演手法和它的变幻时，布雷丹尼斯从一个乒乓球变出了4个乒乓球，这让在座的人非常惊叹。轮到荷芝表演了，她微笑着以一个乒乓球瞬间变出8个乒乓球来，令对方大为吃惊，他觉得不可思议。这就是前面说的球形魔术，它的表演效果是从无变为有，即"变来"。而荷芝胜过布雷丹尼斯的是她能一下子变出8个球来。

又如去年在《鲁豫有约》节目中，荷芝第一个表演的节目就是从一个烈火燃烧中的箱子内，一秒钟变出一个美女来，这让

满座惊叹不已。这套魔术就叫"大变活人",这套魔术有多种效果,一是变来,从无变有;另一种就是不能伤害,即变出来的美女是从火中走出来的,这就是前面提到的舞台魔术之一,也是大型魔术的一种,这样的魔术表演让人震撼,过目不忘。

十七、爱的春天

　　很长一段时间，荷芝对婚姻家庭已经很淡漠了，她完全沉浸在魔术世界中而无暇顾及自己的婚姻问题。然而，多年前，荷芝在一次演出结束后，有一位名叫周山的台湾客人看了她的节目后非常震撼，荷芝的表演和气质让他怦然心动。他毫不犹豫地主动来结识她，她以礼相待。自然，她不以为然。因为在她演出期间，或者演出结束后，要求她签名、希望跟她认识的男士真的是太多了，数不胜数，而周山不过是其中的一位观众而已。

　　不过，周山体格魁梧、性格直爽、主动热情，由此颇受荷芝的好感。认识后，周山就经常去看荷芝的演出。每次演出，周山必到，俨然已经成了荷芝的忠实粉丝，有时还送荷芝鲜花……有一次，周山请了许多朋友来看荷芝表演，

演出期间掌声不止，算是竭力为她捧场。结束后，周山就请荷芝来到他的朋友中间，他笑嘻嘻地指着荷芝出其不意地对他的朋友们说，这就是我理想中的老婆，我不久就要娶她啦……荷芝顿时傻了，一瞬间她感到非常震惊，她没想到周山竟然会开这样的玩笑，她跟他还刚认识啊，怎么可以在众目睽睽之下说这样的话呢？毕竟她还没跟他谈婚论嫁，而且当时她根本就没一点点这样的想法啊！这真是太唐突太过分了！一气之下，荷芝从此就再也不理他了。

其实，周山是一个绝对有个性的男人，他不虚伪，不做作，不掩饰自己对荷芝的好感，自从一见到荷芝就被她的魅力所吸引了。在他的心目中，荷芝是完美无缺的，他意识到这辈子最值得的事情就是能娶上荷芝这样的姑娘做老婆，他觉得自己没说错，只是把自己的想法大胆地说出来而已，他是按照自己的本性说这话的，他就是这样的性格，有话憋不住。再说，他军官出身，豪爽耿直，有话在肚里憋着难受，而且他说此话不是空穴来风，他已经做好了一切准备，他是善意的，让朋友们来看看自己未来的老婆有什么不对吗？因为他已经预感到，在潜意识中荷芝以后一定会成为他的老婆，他是有自信的，也是有耐心的，心诚则灵啊！

有了心目中的人，有了追求目标，有了严荷芝，生命才有意义。是的，一句话说得不合适导致荷芝半年里不再理他，心中虽然很难受，但他没有气馁，反而更耐心更执著了。此后的数年时间，他开始了漫长的追求之路，只要人在上海（他有时在台湾），他就去看她演出，不停地送花，只要有机会，他就会向她表示，他是她的粉丝，她的崇拜者……事实也确实如此，他的诚心和执著打动了荷芝，一切是那么的自然，那么的顺利成章。终于有一次，荷芝答应到他那儿去做客了。

周山告诉荷芝，来客都是他家里人，没有外人。然而，让荷芝惊叹的事又发生了，周山的弟妹们居然都亲热地称她为嫂子……这让荷芝很尴尬，她一点思想准备都没有，可一旦叫开了，荷芝也无奈地接受了。

随着时间的推移，荷芝对周山有了新的看法。在她眼里，周山是一个正直的人，希望娶她也是情真意切的，所以她该跟他好好相处，是否能真的嫁给他，这还要看发展。不过，她仍有所顾虑，怕周山对她的家人不认可，但她希望试试，看看周山见到了她的家人后会是一个怎么样的态度。

机会终于来了，这一年春节，周山一个人在上海过年，荷芝就邀请他去自己家里一起过年。周山自然非常高兴，他来到荷芝在上海的家中，感受到的是荷芝简陋但整洁的小屋里充满了善良和睦、洋溢着节日的气氛。这是荷芝租的小房间，她带着母亲和哥哥非常艰辛地生活了好多年，她对他们不离不弃，尽自己的微薄力量帮助他们，让他们能过上好一些的日子……她的一举一动、一颦一笑，充满了对家里人的孝心和挚爱，这让周山非常震撼，他没想到荷芝竟然是如此的善良。于是周山忍不住了，

他说她的母亲也是他的母亲，她的家人也是他的家人，他会待他
们好的……很朴实的语言，让荷芝感动了，荷芝本来以为，把周
山请到自己简陋的家里，让他看一下她的家人和自己的处境，或
许会把他吓退，让他重新考虑婚姻大事。毕竟她是渔民出身，家
境贫寒，一家人住的房子还是租的，也许当他真正了解了她的情
况后，会打消娶她的念头，离她而去，一去不返，再也不敢跟她提
结婚的事了……可是，她没料到的是，自从周山来过她家里后，
他被她善良的人格魅力所打动，被她和睦的家庭气氛所折服，由
此他追求她的决心更大了，觉得她就是自己要找的共同生活一
辈子的那个人。同样，在这些年来的观察审视下，荷芝渐渐发现
周山这个大男人确实是真心待她的，而且矢志不渝。这就很不
容易。所以，她也开始认真起来，渐渐意识到这就是人们说的真
正的爱情。真正的爱情犹如白璧无瑕，不搀和半点杂质；犹如三
月的艳阳，温馨如春。因此必须珍惜它，此后她也真心诚意地待
他了。

　　两人的关系在发展着。当时周山的心目中就只有荷芝，荷
芝是他的一切，是他生活的全部，荷芝生活中遇到什么困难，他
都非常关注，常常想方设法帮助她解决。值得一提的是，那段时
间荷芝恰好要到欧洲各国去巡回演出，时值冬季，荷芝身上没有
一件比较合适的保暖大衣，去国外演出，且是严冬，欧洲各国可
能要比上海的冬季冷得多。这时，荷芝该带的东西都带了，可是
这件大衣却一时无法着落，她也不说，只是找了一件普通的旧大

▼ 在西欧各国巡演时留影。

衣带上，也许不能御寒。这个时候周山一直在她身边，他看不下去了，见她穿得竟然如此寒酸，想当即给她买一件新的，但这段时间，他的事业进入了低谷，由于生意连年亏损，一时竟也拿不出许多钱来买大衣。于是，他就自告奋勇地为她去朋友处借一件貂皮大衣来，然而让他难以释怀的是，当朋友的老婆打开衣橱

▲ 严荷芝陪同母亲锻炼身体。

门，让他好好看看里边的大衣并挑上一件时，他浑身上下不自然起来了。原来，他见到里边有许多貂皮大衣，此时此刻，他的心情非常沉重，他觉得荷芝太苦了，同样一个女人，一个有一衣橱的各种名牌大衣，而荷芝竟然连一件像样的大衣都没有！他觉得自己太亏待荷芝了！由此他暗下决心，在事业上一定得好好努力，一定得东山再起。此后，由于他的勤奋刻苦，事业有了起色。后来他去香港，买了三件价格不菲的貂皮大衣给荷芝，这不仅温暖了荷芝的身体，也温暖了她的心。

是的，爱的春天来临了。在荷芝事业蒸蒸日上之际，他们举办了隆重的婚礼。

十八、受央视关注和《鲁豫有约》

　　2010年是荷芝魔术生涯中辉煌的一年。这年7月，央视7套《乡约》栏目为她做了专访，荷芝把采访的背景放在了生她养她的长白岛上。创意不错，这让她家乡的父老乡亲有所期待。7月9日下午二时许，艳阳高照，气温高达37℃，长白岛的码头上聚集了五百多名当地村民，他们都是来看荷芝的魔术表演和中央台的实地采访。是的，他们为长白乡能出一个女魔术师而骄傲，他们也为中央台能现场采访她而深受鼓舞。他们知道，舟山岛长白乡由于出了魔术师严荷芝而享誉全国，是的，他们的长白乡出名了，真是太有必要庆祝了，这是很了不起的啊！现在，当身着黑衣、亭亭玉立的严荷芝出现在他们面前时，全场掌声雷动，激情飞扬，他们觉得

此时此刻太让人震撼了，一个渔家姑娘竟然能成为全国闻名的魔术师，真的是太不容易了！而她是他们的同乡啊……所以他们要为她喝彩，为她捧场。

主持人现场采访荷芝，询问她是如何从一个渔家姑娘成长为一个魔术大师的……荷芝对答如流，妙语连珠地回答各种问题，使整个采访过程充满了情趣，这让观众非常满足。采访期间不时穿插荷芝的魔术表演，如荷芝为乡亲们表演了把百元大钞变到西瓜里，把纸张变到鸡蛋里，把手机变到瓶子里等小型魔术节目。全场观众看得目瞪口呆，他们的情绪不断高涨，一时间使他们沉浸在变化莫测的魔术氛围中……采访在继续，现场表演也从不间断，在高潮到来之时，荷芝表演了一朵鲜花变出两千朵鲜花的绝技，当荷芝信手拈来的朵朵鲜花撒落在坐满观众的码头广场时，人们

▲ 央视7套《乡约》栏目采访现场，严荷芝与全国十大金话筒得主肖东坡互动。

鼓起掌来，经久不息，表达了他们对荷芝的崇敬和爱戴，而朵朵鲜花则表达了荷芝对父老乡亲的款款深情。

访谈很成功。不久，中央台播出这档访谈节目，反响强烈、好评如潮，获得良好的社会效果。从此，人们知道舟山长白乡诞生了一个身怀绝技的魔术师严荷芝。而这时荷芝的魔术艺术引起了广泛关注，信像雪片一样飞到上海虹影魔幻艺术团。有许多年轻人在信中表达了自己的愿望，即想跟她学魔术，也想做这一行，甚至不远千里来找她……荷芝应接不暇、婉言劝阻，她感到如今条件还不成熟。不过她已经有了想办一个魔术学校的想法，到条件成熟时考虑在舟山或者更合适的地方办一所魔术学校，这是毫无疑问的，也是能够实现的目标之一。

　　当年12月，荷芝被鲁豫邀请了，鲁豫对魔术非常好奇，尤其对一个女魔术师。不久，荷芝进入她的节目《鲁豫有约》。现场采访几个小时，鲁豫的问题千奇百怪，有的非常逗人，荷芝在全国乃至全世界亿万观众面前并不怯场，反而显得非常从容镇定，她尽情发挥，表现出色，反应敏锐，对鲁豫的提问对答如流。观众席里发出了一阵阵掌声……荷芝跟鲁豫在一起，显得毫不逊色。同时荷芝在现场表演的魔术节目精妙无比，整个采访过程让在座者赞叹不已，掌声不断。采访录像播出后，让人感觉新奇振奋，一个渔家姑娘靠自己的努力成了一位著名的魔术大师，这太让人匪夷所思了，她是怎么走到这一步的？她是怎么成功的？人们太希望了解了。总之，荷芝在荧屏上给人的感觉，她已不是一个刚出道的渔家姑娘，而是一位非常成熟的魔术大师了。

十九、举行拜师仪式

　　严荷芝从事魔术事业的二十多年中，从一开始被上海魔术师虞雪芬的表演所吸引，追随她去上海学了几招，后跟她去长春的胜利公园演出了三个月。在演出过程中，荷芝认真学习、揣摩虞雪芬的魔术表演，经过自己的反复练习，基本把虞雪芬的魔术套路全学到手，且及时地登台表演，从此她对魔术入了门。后来荷芝一直跟各地魔术师打交道，有时跟他们切磋交流魔术的表演技艺，或者即兴跟他们学习几招，几乎没有固定的师傅，她

是在表演中成长，在不断地探索中前进的……然而，在这漫长的学习过程中，她结识了上海著名的魔术大师李霄飞，她跟这位魔术世家"肖家班"的传人有着十五年之久的不解之缘。李霄飞不仅擅长魔术表演，而且精通道具的设计制作，是魔术界一致公认的行家高手。多年来，虹影魔幻艺术团表演的重要道具几乎都是他制作提供的。李霄飞对荷芝的帮助是不容置疑的，由此荷芝一直有拜李霄飞为师的想法。很多年过去了，这想法一直缠绕在她心中，挥之不去。实现这美好愿望的日子终于来临了，2011年春天的某个下午，在上海的一家大饭店举行了公开的拜师仪式，上海的众多媒体前来采访报道。盛况空前，上海魔术界和文艺界的众多人士欢聚在拜师仪式上，共同见证了上海魔术界的这一盛事。

然而，让荷芝没想到的是，自从拜师后，她比以前更忙碌了。她不仅要带领虹影魔幻艺术团奔赴各地演出，还得抽出时间跟李霄飞进行系统的学习和磨炼，进一步切磋表演技巧和道具的制作。同时跟他共同设计制作一台真正具有民族传统的大型海派魔术，近期将在全国乃至全世界巡演，展现海派魔术表演魅力，发扬海派文化的艺术风格……是的，艺术是无止境的，通过进一步学习，使她的魔术表演技艺从一个高端，走向了更高的境界。

二十、一次冒险的演出经历

2012年1月19日晚上八点多,荷芝家里的电话铃骤然响起。电话是2012年春节团拜会导演组打给她的,邀请她参加小年夜上午举行的上海各界人士迎春团拜会,并请她表演大型经典魔术《金蝉脱壳》,荷芝思忖片刻后,婉言谢绝了。

▲ 与美国魔术师艾德·阿隆索同台演出后合影。

荷芝拒绝参加演出的理由很简单。首先,《金蝉脱壳》这则节目已经长久没演了,而节目的道具储存在奉贤南桥的仓库里,有可能已经损坏,需要修复,而修复需要时间,由于2012年春节团拜会演出迫在眉睫,可以说是没时间去郊区运回并修复的。其次,荷芝第二天另有演出任务,根本没时间去春节团拜会现场彩排,节目如果不彩排,表演很有可能出现纰漏,这样的话麻烦就大了。为了对春节团拜会负责、也对自己负责,所以荷芝没有答应。

▲ 与著名歌星谭咏麟在一起。

已经是午夜了,劳累了一天的荷芝已经躺下。然而,电话铃又一次响起,她探出被窝拎起电话,没想还是导演组打给她的。这次他们恳切地跟荷芝商量,问她家住在哪儿,他们要去见她。同时还跟她说明这次请她参加演出是请她帮忙,因为他们请来美国魔术师艾德·阿隆索参加演出,可他的道具在运输途中损坏了,因此导演组希望她能跟艾德·阿隆索同台演出。是的,救场如救火。在电话中她进一步问明缘由和演出要求,当她得知市有关领导也在彩排现场

▲ 2012年,在上海市各界人士迎春团拜会上,严荷芝(5排左5)与上海市文广影视管理局艺术总监滕俊杰(5排左3)、美国魔术大师艾德·阿隆索(5排左4)等合影。

等她时，荷芝的心情难以平静了，尽管有那么多问题，此时此刻她什么都不想了。自己现在又累又困，可这是一次救场啊！她应该挺身而出，再有困难也在所不辞了。于是她从床上一跃而起，说那还是她赶去彩排现场见他们吧。

荷芝冒着严寒赶到那儿，已经快凌晨一点了。导演组的全体人员都在等她，见她来了，大家都舒了口气。随即讨论演出的细节和要求，以及跟美国魔术师艾德·阿隆索合作表演的具体内容，即希望荷芝能重点表演《金蝉脱壳》：把一个人变成三个人，随后又把他们全变没了。这节目原来是艾德·阿隆索演的，现在要求荷芝表演下半部分，前面部分先由艾德·阿隆索表演。这其实是一场实力比拼，也就是说荷芝将跟美国魔术师比拼，看谁的表演更出彩、更富有魅力。然而，荷芝担忧的是，如果她的道具也有问题怎么办？如果她跟其他演员配合不到位怎么办？而且彩排几乎没有时间了。如果演砸了，是没人救她的，她的牌子砸了是小事，影响春节团拜会的整场演出，这事就非同小可了！此刻，整个导演组二十来个人的目光全停留在她身上了。演还是不演？她当即要做出抉择，现在已经没有时间让她考虑了，这可是一场冒险的演出啊！当她望着导演组所有人投来信任、恳切和期待的目光时，一股强烈的责任感油然而生，她觉得必须答应下来，而且一定得圆满完成这次光荣的演出任务！

这一夜荷芝没有合眼。她从彩排现场出来，已经快凌晨两点了。她没有回家，直接打车赶到位于奉贤南桥的道具仓库。

我们知道这个时间段打车到奉贤车费是很昂贵的，可荷芝顾不了那么多了。当她发现道具已严重损坏自己无法修理后，也顾不得是深更半夜了，当即就给她的助手打电话，要求她去接远在虹口的恩师李霄飞，恳请李霄飞立刻赶来奉贤抢修道具。李老师获悉情况紧急，二话没说，当即就从热被窝中爬起来，跟荷芝的助手赶到奉贤道具仓库，对《金蚕脱壳》这套道具进行检查并抢修。在抢修过程中，李老师了解到荷芝这次是冒着风险参加演出，就谈了自己对她冒险演出的担忧。因为对一个魔术师来说，演出只能成功不能失败，由此荷芝觉得李老师说得有道理。然而，李老师为了保证荷芝能演出成功，还是紧张而又细致地修理道具，当修理结束时已经是天色大亮了。

关键的时刻到了。团拜会演职人员集合时间是上午7点，这天清晨，李老师担心道具在从奉贤运到演出现场的途中可能又一次损坏，就提早一小时把道具运到演出现场，并帮助检查整理道具……其实，这天正式演出是在上午9点钟，为了保证演出效果和质量，荷芝还是抢时间带领演员在后台匆匆走了几遍。

临到荷芝要上台表演《金蝉脱壳》了，当协助荷芝演出的演员推着道具上台时，突然发现道具又出现了问题（可能在后台排练时损坏的），本来六个轮子的道具又坏了两个轮子。此时此刻，荷芝确实有点紧张了，毕竟她没参加正式彩排，几乎是直接登台演出的。这确实太冒险了。而此刻，道具的轮子又坏了两个！演出前她还怕表演过程中道具会有问题，现在果然又出现了问题……她知道，这都是因时间太紧迫而导致的险情，这是一场非常危险的表演啊！然而荷芝马上就镇静下来了，多年的舞台经验和丰富的表演技巧加上扎实的功底使她临危不惧、镇定自若。此时此刻，她从容而神采奕奕地表演着，台下响起了阵阵掌声。而荷芝团队的演员也演出经验丰富，跟她配合默契，最终齐心协力化解了险情。

冥冥之中好像有神在助她在眷顾她，这是天意，使她这套《金蝉脱壳》的表演达到了最佳的演出效果。

演出成功了。整个台下掌声雷动，人们用赞赏的目光向她致敬。这时，荷芝一颗悬着的心才放了下来。演出结束，荷芝返回后台，美国魔术师对她竖起大拇指，表示了赞赏，导演也亲自过来向她祝贺……

全场演出结束时，文广局的领导握着荷芝的手说："小严，谢谢你！"听到这句话她感慨万分，双眸湿润了，是的，自己的努力没有白费，心中说谢谢领导信任，谢谢恩师李霄飞的鼎力相助，谢谢与她配合演出的团友们……这一次的冒险演出是值得的啊！

二十一、走向辉煌

　　荷芝自2003年成立虹影魔幻艺术团至今，已经过去了整整九年时间。应该说，虹影魔幻艺术团在荷芝的带领下，尽管风风雨雨、曲折坎坷、实际上每前进一步都是不容易的，却总是迎着阳光向前迈进，艺术团的声誉与日俱增。譬如她个人被评为中华著名艺术家、舟山市定海区十大魅力女性等，她的团队被上海文广局评为特色团队，并荣获下基层服务贡献奖、民营文艺团队

十佳团队之一等。近期虹影魔幻艺术团还参加了上海十佳民营文艺团队在上海星舞台的轮番演出，该团的"2012魔舞音画严荷芝魔术专场"演出引起了广泛的关注和好评。随着荷芝的名声远播，她的心愿和梦想也提上议事日程，即在不久将创办一所自己的魔术学校，把她多年积累的魔术艺术经验传授给广大的魔术爱好者。

这些年来，虹影魔幻艺术团在严荷芝的带领下，每年约演出三百场以上，在世界各地、全国各地演出，乃至在福利院、学校、街道社区的各类公益慰问演出中，虹影魔幻艺术团尽情奉献她们魅力无穷的各类魔术节目，她们的表演一直受到观众的热烈追捧。

值得一提的是，上海第七届国际魔术节期间举办的一次全国专业魔术师研修班上，上海虹影魔幻艺术团团长，著名魔术师严荷芝分别与Max Maven（美国）、Gaetan Bloom（法国）、Andrew Mayne（美国）、Daryl（美国）、MIGUEL ANGEL GEA（西班牙）、Shoot Ogawa（日本）、Domenico Dante（意大利）、陈智玲（加拿大）、Rory Johnston（美国）、傅腾龙（中国）、周良铁（中国）等国内外的魔术专家探讨魔术技法，交流表演心得，而荷芝的讲话和表演获得了与会者的热烈掌声。

最近，荷芝应法国有关部门之邀，赴法国进行了文化交流演出。荷芝和她的团队在圣皮埃尔等市的海边搭台进行了魔术表演（当地举行欢庆中国春节的活动），荷芝和她团队的表演引起了全场的轰动和赞赏，"五花大绑""空袋子变蛋"等约一个小时的节目掌声不断，上万名观众观看了演出。演出结束时，观众们久久不愿离去。法国国会议员、圣皮埃尔市市长米歇尔向荷芝颁发了荣誉市民证书。荷芝感到这次去法国演出太值得了，没有比这更激动人心的，因为她是代表中国的魔术界去法国交流

演出的啊……

　　不久，荷芝和她的团队将赴台湾进行巡回演出，我们期待她

下一轮的成功吧！

▼ 上海市委宣传部部长杨振武（前排右9）、副部长陈东（前排右7）、市
　文广局长朱咏雷（前排右5）、艺术总监刘文国（2排右1）等领导接
　见上海优秀民营文艺团体代表。

▲严荷芝与美国魔术
大师布雷·丹尼斯
交流魔术。

▲严荷芝与美国魔术
大师马克·威尔逊
交流魔术。

▲ 在印度洋上的
法国留尼旺岛。

▲ 在法国进行文化交流演出时，圣皮埃尔市市长向严荷芝颁发荣誉市
民证书。

▼ 严荷芝为上海市人大常委会主任刘云耕表演互动魔术。

▲ 在法国圣皮埃尔市演出时，魔迷们争相与严荷芝合影。

▼ 上海市委宣传部部长杨振武亲切接见上海市十大优秀民营剧团代表严荷芝。

后 记

  2007年的金秋某天，我在上海通俗文艺研究会举办的年会上认识了严荷芝老师。会议进入高潮时，演出开始了。荷芝老师为我们表演了她的魔术节目，当她富有魅力的表演呈现在我眼前时，我感到非常震撼，刚才会场还人声鼎沸，此刻人们的目光早已被她的表演吸引过去，会场里除了音乐，已鸦鹊无声。她的表演神奇完美、天衣无缝，一瞬间整个会场就沉浸在魔术艺术的氛围中了，惊叹声、赞赏声此起彼伏，对观众来说，这是一种美的享受。

  应该说，从小喜欢看魔术节目的我，还是第一次看女魔术师在舞台上演出，心中不由产生了一个想法，那就是一定得好好写一写荷芝老师。当时我就预见，荷芝老师美轮美奂的魔术表演将来一定会吸引全世界人们的眼球……然而，任何一桩事情要做成功都不是轻而易举的。不仅大家都忙，没有时间见面，更别说采访了。就这样，一晃三年过去了，我没有为她写成一个字。

  2010年冬，我们又在一次聚会上见面了，便重新提起打算写一写她的愿望，荷芝老师欣然应允，不过她说到年底的时间都排满了，只有春节期间稍稍有些空闲，才能接受我采访。随后我们聊了一会，当我获悉她已经被中央台的《乡约》节目组追踪采访，而《鲁豫有约》节目组也刚采访过她、节目即将播出时，感到非常欣喜，我三年前的预言应验了，心中想写一写她的愿望更强烈了。

春节期间，我被邀请随同虹影魔幻艺术团去舟山定海演出，顺便采访荷芝老师。一路上荷芝老师在接受采访的同时，我还提出希望去她老家长白岛的蛟龙村看一下，她当即答应了。那天，当我踏上海边陡峭的山坡，走近她小时候住的老屋时，我非常震惊。眼前的荷芝老师，居然出生在这样简陋破败的房子里！她的出生，她的家庭背景，她的周边环境，怎么能使她成长为一位魔术大师呢？这让我非常困惑，当即我的头脑中产生了无数个疑问。譬如，在这样一个偏僻的海岛上（当时交通非常不便），她是怎么接触到魔术的？又是怎么学会魔术的？在学习魔术之前，她有过怎样不同寻常的经历？一路走来是不是很艰辛等等。三天时间，我问了她许多问题，她侃侃而谈，谦逊恳切，平易近人。我感到很欣慰，能跟一个魔术大师近距离交流。在定海期间，荷芝老师介绍了好多她以前的同学、同事和领导给我，他们都非常敬仰她，其中有的领导还接受了我的采访，他们让我了解了许多荷芝老师年轻时代的感人故事。确实，有些往事只有她身边的人才说得清楚。这里我要感谢荷芝老师和她许许多多的亲朋好友、同事以及领导们，尤其要感谢摄影师朱家骅、罗俊老师和化妆造型师杨刚等，他们为此书的完成奠定了基础。

为了能写好此书，回到上海后，我继续采访了荷芝老师周围的人，如她的爱人周山先生、卢萍导演以及虹影魔幻艺术团所在地的文化系统领导等等，他们也为我提供了必要的写作素材，使我从侧面了解了她的人生轨迹，我向他们表示深深的敬意。同时我更要感谢上海通俗研究会的刘松林会长，没有他提供的会友交流平台，我是不可能认识严荷芝老师的。

在开始写作此书时，我获得了许多朋友的鼓励和支持，他们是我的良师益友，我向他们表示由衷的谢意。在此，我特别感谢陈先法老师，他为此书的推荐和出版费了心思；同时也要感谢文汇出版社和戴铮编辑，他们对书稿出版的严格要求和认真态度，使我一生难忘。

此书终于顺利出版了。总体来说，此书采访全面、记述翔实、绝无虚构夸张的地方。不过，写作时难免挂一漏万，有许多地方还不尽如人意。但我相信，此书会广泛流传，魔术大师严荷芝的名字不仅是舟山人的骄傲，也是上海人的骄傲，更是中国人的骄傲。

是的，辉煌和荣誉属于严荷芝。

贝鲁平

2012 年 4 月 25 日